„unterwegs sein"

Lyrik vom Barock bis zur Gegenwart

Bibliographische Information der deutschen Nationalbibliothek:

Die deutsche Nationalbibliothek verzeichnet diese Publikation in der
deutschen Nationalbibliographie; detaillierte bibliographische
Daten sind im Internet unter http:// dnb.dnb.de abrufbar.

© 2018 Niklas Discher (Hrsg.)

Herstellung und Verlag:
BoD- Books on Demand, Norderstedt

ISBN: 9783746076621

Niklas Discher, Abitur an einem staatlich anerkannten privaten Gymnasium; Studium Germanistik/ Historik (Sek.II) in Wuppertal.

II. „Reisen ist tödlich für Vorurteile", *Mark Twain*

Seit Menschengedenken sind wir unterwegs. Der Mensch schien gar ein Reisetier: waren wir doch vor der Sesshaftwerdung ständig unterwegs. Denn: In jeder Zeit wurde gereist. Die Motive des Unterwegssein haben sich seitdem nur wenig verändert: Kulturen kennenlernen, um das Neue zu erleben; aber auf der anderen Seite auch das Unterwegssein als Flucht.

Dabei hat Reisen seit jeher etwas Besonderes inne: „Wer reist, sehnt sich nach größeren Räumen, nach anderer kultureller Temperatur, wer reist, ist sinnhungrig und kann sich am Bestehenden nicht sättigen. Wer reist, hofft darauf, hinter der nächsten Wegkuppe warte etwas auf ihn, vielleicht, dass er sich's ergänzen kann zum Torso seines eigenen Lebens." (Staude: 2005, S.11)

Ob es die Entdeckungsreise des europäischen Mittelalters oder gerade der Neuzeit sind, die Expeditionen des 18. Jahrhunderts, oder selbst gar die Kolonialabenteuer im ausgehenden 19. Jahrhundert, immer war der Mensch getrieben das Neue und Fremde zu erkunden und zu skizzieren.

Literarisch ist der Reisebericht seit frühster Zeit bekannt, auch wenn den meisten Schülern oft nur noch Goethes Italienreisen ein Begriff sind.

Von der frühsten Reiseliteratur, wie beispielsweise Homers Odyssee, welche weit über 2500 Jahre alt ist, bis zu den Reiseberichten heute, die in Zeitungen und Magazinen, oder gar in Internetblogs, zum Fernweh verführen.

Wenn Mark Twain bemerkt Reisen sei tödlich für Vorurteile, dann gelingt es ihm in wenigen Worten die positiven Aspekte einer Reise aufzuführen: die Erweiterung des Horizontes zum Beispiel. Doch wer Reisen mag, braucht eine Heimat, denn, dem überall Fremden fehlt es an Gemeinschaft.

In der deutschen Literatur ist sicher die Romantik eine zentrale Epoche der Reiseliteratur, war doch Fremde und Fernweh, oftmals realisiert durch das Motiv des Wanderns, ein zentrales Anliegen vieler romantischer Autoren.

Dabei darf aber das Thema „unterwegs sein" nicht nur auf die ästhetische Reiseliteratur reduziert werden, denn es umfasst mehr: das unterwegs sein im Alltag, die Lebensreise, aber auch das unterwegs sein als innere oder äußere Flucht oder in das Exil.

„unterwegs sein" Lyrik vom Barock bis zur Gegenwart ist ab 2018/19 obligatorisches Thema des Zentralabiturs NRW im Grund- und Leistungskurs Deutsch.

Referenzen: STAUDE, D. (2005): Lebendiges Philosophieren. Philosophische Praxis im Alltag.

II.   Zugänge

M1: Zitate

Der, welcher in ein Land reist, bevor er einige Kenntnisse von dessen Sprache hat, geht in die Schule und nicht auf Reisen.
Francis Bacon (1561 - 1626)

Alles Leiden des Menschen kommt davon, dass er nicht ruhig auf seinem Zimmer bleiben kann.
Blaise Pascal (1623-1662)

Der Sinn des Reisen besteht darin, unsere Phantasien durch die Wirklichkeit zu korrigieren. Statt uns die Welt vorzustellen, wie sie sei könnte, sehen wir sie wie sie ist.
Samuel Johnson (1696 - 1772)

Man reist nicht, um anzukommen.
Johann Wolfgang von Goethe (1749 -1832)

Erst die Fremde lehrt uns, was wir an der Heimat haben.
Theodor Fontane (1819 - 1898)

Fremd ist in der Fremde nur der Fremde.

Karl Valentin (1882 - 1948)

Wer die Enge seiner Heimat begreifen will, der reise. Wer die Enge seiner Zeit ermessen will, studiere Geschichte.

Kurt Tucholsky (1890 -1935)

M2: Reisemotive (nach Hartmann 1962)

I. Erholungs- und Ruhebedürfnis

1. Ausruhen, Abschalten, Herabsetzung geistig-seelischer Spannung, Minderung des Konzentrationsgrades;

2. Abwendung von Reizfülle, keine Hast und Hetze.

II. Bedürfnis nach Abwechslung und Ausgleich

3. Tapetenwechsel, Veränderung gegenüber dem Gewohnten;

4. Neue Anregungen bekommen, etwas Neues, ganz anderes erfahren und erleben als das Alltägliche, neue Eindrücke gewinnen;

5. im Alltag nicht beanspruchte Fähigkeiten verwirklichen, sich selbst entfalten, zu sich selbst kommen.

III. Befreiung von Bindungen

6.   Unabhängigkeit von sozialen Regelungen, tun, was man will, sich frei und ungezwungen bewegen, auf niemand Rücksicht nehmen;

7.   Befreiung von Pflichten, Ausbrechen aus den alltäglichen Ordnungen.

IV. Erlebnis- und Interessenfaktoren

8.   Erlebnisdrang, Neugierde, Sensationslust,

9.   Reiselust, Fernweh, Wanderlust,

10.   Interesse an fremden Ländern, Menschen und Kulturen,

11.   Kontaktneigung,

12.   Geltungsstreben, „oben sein", sich bedienen lassen.

HARTMANN, K. D. (1962): Gruppierung von Urlaubsbedürfnissen aufgrund der DIVO(1962). Zit. nach einem unveröffentl. Manuskipt von Hartmann mit dem Titel „Zur Ermittlung von Urlaubsmotiven und Urlaubserwartungen". Starnberg: Studienkreis für Tourismus e. V.

M3: Autorentext

Reise als Konsumerlebnis

Reiselust und Reisefieber sind und waren immer auch ein Konsumgut, eine Ware: konnte sich früher nur die reiche Oberschicht das Reisen leisten, ist das Unterwegssein längst in der Mitte der Gesellschaft angekommen und hat sich heute zu einem gewaltigen Wirtschaftszweig entwickelt. Harry Clement (damaliger Vorsitzender des Untersuchungs-ausschusses der amerikanischen Reiseorga-nisationen National Association of Travel Organisations research committee) forderte amerikanische Reisever-anstalter schon in den 1960er Jahren zu psychologisch motivierter Werbung auf, die die Grundmotive amerikanischer Reiselust beinhalte. Als solche definierte er „Sex, Habgier und Furcht, ergänzt durch die Lockspeisen Feuer und Wasser. Habgier bezeichnet nicht nur die Anziehungskraft der Spielkasinos, sondern auch den Wunsch nach außerordentlichen Reiseerlebnissen, die der Nachbar nicht vorweisen kann. Das Motiv Furcht beruht auf der abgründigen Angst der Amerikaner vor Alter und Krankheit. Feuer kennzeichnet den Drang nach Sonne, aber auch die Begeisterung für Kaminfeuer in Hotels, Fackelprozessionen

13

und aktive Vulkane." (Zeit: [44]Jg.66) Ziel sei es an Hand dieser Motivik eine mit reichlich Sexualität garnierte Werbung zu gestalten, um möglichen reisewilligen Kunden die Imagination zu verschaffen, sie könnten im Urlaub ihrem spießbürgerlichen Alltag entrinnen.

Referenzen: ZEIT Nr. 44/1966

M4: Zeitungsartikel

Warum man nur noch alleine auf Reisen gehen sollte (2016)

von Anna Eube

Zurzeit liegt keine Abdruckgenehmigung vor.

Zitationshinweis: Zum Download geben Sie bitte in Ihrer Suchmaschine den u.g. Link ein und laden den Artikel herunter.

https://www.welt.de/icon/unterwegs/article159062790/Warum-man-nur-noch-alleine-auf-Reisen-gehen-sollte.html

Ein Abdruck für den Unterrichtsgebrauch ist gestattet.

M5: Romanauszug

Goethe: Wilhelm Meisters Wanderjahre (Auszug) (1829)

I. Buch, Erstes Kapitel: *Die Flucht nach Ägypten*

Im Schatten eines mächtigen Felsen saß Wilhelm an grauser, bedeutender Stelle, wo sich der steile Gebirgsweg um eine Ecke herum schnell nach der Tiefe wendete. Die Sonne stand noch hoch und erleuchtete die Gipfel der Fichten in den Felsengründen zu seinen Füßen. Er bemerkte eben etwas in seine Schreibtafel, als Felix, der umhergeklettert war, mit einem Stein in der Hand zu ihm kam. »Wie nennt man diesen Stein, Vater?« sagte der Knabe.

»Ich weiß nicht«, versetzte Wilhelm.

»Ist das wohl Gold, was darin so glänzt?« sagte jener.

»Es ist keins!« versetzte dieser, »und ich erinnere mich, dass es die Leute Katzengold nennen.«

»Katzengold!« sagte der Knabe lächelnd, »und warum?«

»Wahrscheinlich weil es falsch ist und man die Katzen auch für falsch hält.«

»Das will ich mir merken«, sagte der Sohn und steckte den Stein in die lederne Reisetasche, brachte jedoch sogleich etwas anderes hervor und fragte: »Was ist das?« – »Eine Frucht«, versetzte der Vater, »und nach den Schuppen zu urteilen, sollte sie mit den Tannenzapfen verwandt sein.« – »Das sieht nicht aus wie ein Zapfen, es ist ja rund.« – »Wir wollen den Jäger fragen; die kennen den ganzen Wald und alle Früchte, wissen zu säen, zu pflanzen und zu warten, dann lassen sie die Stämme wachsen und groß werden, wie sie können.« – »Die Jäger wissen alles; gestern zeigte mir der Bote, wie ein Hirsch über den Weg gegangen sei, er rief mich zurück und ließ mich die Fährte bemerken, wie er es nannte; ich war darüber weggesprungen, nun aber sah ich deutlich ein paar Klauen eingedrückt; es mag ein großer Hirsch gewesen sein.« – »Ich hörte wohl, wie du den Boten ausfragtest.« – »Der wusste viel und ist doch kein Jäger. Ich aber will ein Jäger werden. Es ist gar zu schön, den ganzen Tag im Walde zu sein und die Vögel zu hören, zu wissen, wie sie heißen, wo ihre Nester sind, wie man die Eier aushebt oder die Jungen, wie man sie füttert und wenn man die Alten fängt: das ist gar zu lustig.«

Kaum war dieses gesprochen, so zeigte sich den schroffen Weg herab eine sonderbare Erscheinung. Zwei Knaben, schön wie der Tag, in farbigen Jäckchen, die man eher für aufgebundene Hemdchen gehalten hätte, sprangen einer nach dem andern herunter, und Wilhelm fand Gelegenheit, sie näher zu betrachten, als sie vor ihm stutzten und einen Augenblick stillhielten. Um des ältesten Haupt bewegten sich reiche blonde Locken, auf welche man zuerst blicken mußte, wenn man ihn sah, und dann zogen seine klarblauen Augen den Blick an sich, der sich mit Gefallen über seine schöne Gestalt verlor. Der zweite, mehr einen Freund als einen Bruder vorstellend, war mit braunen und schlichten Haaren geziert, die ihm über die Schultern herabhingen und wovon der Widerschein sich in seinen Augen zu spiegeln schien.

Wilhelm hatte nicht Zeit, diese beiden sonderbaren und in der Wildnis ganz unerwarteten Wesen näher zu betrachten, indem er eine männliche Stimme vernahm, welche um die Felsecke herum ernst, aber freundlich herabrief: »Warum steht ihr stille? versperrt uns den Weg nicht!«

Wilhelm sah aufwärts, und hatten ihn die Kinder in Verwunderung gesetzt, so erfüllte ihn das, was ihm jetzt zu Augen kam, mit Erstaunen. Ein derber, tüchtiger, nicht allzu großer junger Mann, leicht geschürzt, von brauner Haut und schwarzen Haaren, trat kräftig und sorgfältig den Felsweg herab, indem er hinter sich einen Esel führte, der erst sein wohlgenährtes und wohlgeputztes Haupt zeigte, dann aber die schöne Last, die er trug, sehen ließ. Ein sanftes, liebenswürdiges Weib saß auf einem großen, wohlbeschlagenen Sattel; in einem blauen Mantel, der sie umgab, hielt sie ein Wochenkind, das sie an ihre Brust drückte und mit unbeschreiblicher Lieblichkeit betrachtete. Dem Führer ging's wie den Kindern: er stutzte einen Augenblick, als er Wilhelmen erblickte. Das Tier verzögerte seinen Schritt, aber der Abstieg war zu jäh, die Vorüberziehenden konnten nicht anhalten, und Wilhelm sah sie mit Verwunderung hinter der vorstehenden Felswand verschwinden.

Nichts war natürlicher, als dass ihn dieses seltsame Gesicht aus seinen Betrachtungen riss. Neugierig stand er auf und blickte von seiner Stelle nach der Tiefe hin, ob er sie nicht irgend wieder hervorkommen sähe. Und eben war er im Begriff, hinabzusteigen und diese sonderbaren Wandrer zu begrüßen, als Felix heraufkam und sagte: »Vater, darf ich nicht mit diesen Kindern in ihr Haus? Sie wollen mich mitnehmen. Du sollst auch mitgehen, hat der Mann zu mir gesagt. Komm! dort unten halten sie.«

»Ich will mit ihnen reden«, versetzte Wilhelm.

Er fand sich auf einer Stelle, wo der Weg weniger abhängig war, und verschlang mit den Augen die wunderlichen Bilder, die seine Aufmerksamkeit so sehr an sich gezogen hatten. Erst jetzt war es ihm möglich, noch einen und den andern besonderen Umstand zu bemerken. Der junge, rüstige Mann hatte wirklich eine Polieraxt auf der Schulter und ein langes, schwankes eisernes Winkelmaß. Die Kinder trugen große Schilfbüschel, als wenn es Palmen wären; und wenn sie von dieser Seite den Engeln glichen, so schleppten sie auch wieder kleine Körbchen mit Esswaren und glichen dadurch den täglichen Boten, wie sie über das Gebirg hin und her zu gehen pflegen. Auch hatte die Mutter, als er sie näher betrachtete, unter dem blauen Mantel ein rötliches, zart gefärbtes Unterkleid, so dass unser Freund die Flucht nach Ägypten, die er so oft gemalt gesehen, mit Verwunderung hier vor seinen Augen wirklich finden musste.

Man begrüßte sich, und indem Wilhelm vor Erstaunen und Aufmerksamkeit nicht zu Wort kommen konnte, sagte der junge Mann: »Unsere Kinder haben in diesem Augenblicke schon Freundschaft gemacht. Wollt Ihr mit uns, um zu sehen, ob auch zwischen den Erwachsenen ein gutes Verhältnis entstehen könne?«

Wilhelm bedachte sich ein wenig und versetzte dann: »Der Anblick eures kleinen Familienzuges erregt Vertrauen und Neigung und, dass ich's nur gleich gestehe, ebensowohl Neugierde und ein lebhaftes Verlangen, euch näher kennen zu lernen. Denn im ersten Augenblicke möchte man bei sich die Frage aufwerfen, ob ihr wirkliche Wanderer oder ob ihr nur Geister seid, die sich ein Vergnügen daraus machen, dieses unwirtbare Gebirg durch angenehme Erscheinungen zu beleben.«

»So kommt mit in unsere Wohnung«, sagte jener. »Kommt mit!« riefen die Kinder, indem sie den Felix schon mit sich fortzogen. »Kommt mit!« sagte die Frau, indem sie ihre liebenswürdige Freundlichkeit von dem Säugling ab auf den Fremdling wendete.

Ohne sich zu bedenken, sagte Wilhelm: »Es tut mir leid, dass ich euch nicht sogleich folgen kann. Wenigstens diese Nacht noch muss ich oben auf dem Grenzhause zubringen. Mein Mantelsack, meine Papiere, alles liegt noch oben, ungepackt und unbesorgt. Damit ich aber Wunsch und Willen beweise, eurer freundlichen Einladung genugzutun, so gebe ich euch meinen Felix zum Pfande mit. Morgen bin ich bei euch. Wie weit ist's hin?«

»Vor Sonnenuntergang erreichen wir noch unsere Wohnung«, sagte der Zimmermann, »und von dem Grenzhause habt Ihr nur noch anderthalb Stunden. Euer Knabe vermehrt unsern Haushalt für diese Nacht; morgen erwarten wir Euch.«

Der Mann und das Tier setzten sich in Bewegung. Wilhelm sah seinen Felix mit Behagen in so guter Gesellschaft, er konnte ihn mit den lieben Engelein vergleichen, gegen die er kräftig abstach. Für seine Jahre war er nicht groß, aber stämmig, von breiter Brust und kräftigen Schultern; in seiner Natur war ein eigenes Gemisch von Herrschen und Dienen; er hatte schon einen Palmzweig und ein Körbchen ergriffen, womit er beides auszusprechen schien. Schon drohte der Zug abermals um eine Felswand zu verschwinden, als sich Wilhelm zusammennahm und nachrief: »Wie soll ich euch aber erfragen?«

»Fragt nur nach Sankt Joseph!« erscholl es aus der Tiefe, und die ganze Erscheinung war hinter den blauen Schattenwänden verschwunden. Ein frommer, mehrstimmiger Gesang tönte verhallend aus der Ferne, und Wilhelm glaubte die Stimme seines Felix zu unterscheiden.

Er stieg aufwärts und verspätete sich dadurch den Sonnenuntergang. Das himmlische Gestirn, das er mehr denn einmal verloren hatte, erleuchtete ihn wieder, als er höher trat, und noch war es Tag, als er an seiner Herberge anlangte. Nochmals erfreute er sich der großen Gebirgsansicht und zog sich sodann auf sein Zimmer zurück, wo er sogleich die Feder ergriff und einen Teil der Nacht mit Schreiben zubrachte.

Wilhelm an Natalien

Nun ist endlich die Höhe erreicht, die Höhe des Gebirgs, das eine mächtigere Trennung zwischen uns setzen wird als der ganze Landraum bisher. Für mein Gefühl ist man noch immer in der Nähe seiner Lieben, solange die Ströme von uns zu ihnen laufen. Heute kann ich mir noch einbilden, der Zweig, den ich in den Waldbach werfe, könnte füglich zu ihr hinabschwimmen, könnte in wenigen Tagen vor ihrem Garten landen; und so sendet unser Geist seine Bilder, das Herz seine Gefühle bequemer abwärts. Aber drüben, fürchte ich, stellt sich eine Scheidewand der Einbildungskraft und der Empfindung entgegen. Doch ist das vielleicht nur eine voreilige Besorglichkeit: denn es wird wohl auch drüben nicht anders sein als hier. Was könnte mich von dir scheiden! von dir, der ich auf ewig geeignet bin, wenngleich ein wundersames Geschick mich von dir trennt und mir den Himmel, dem ich so nahe stand, unerwartet zuschließt. Ich hatte Zeit, mich zu fassen, und doch hätte keine Zeit hingereicht, mir diese Fassung zu geben, hätte ich sie nicht aus deinem Munde gewonnen, von deinen Lippen in jenem entscheidenden Moment. Wie hätte ich mich losreißen können, wenn der dauerhafte Faden nicht gesponnen wäre, der uns für die Zeit und für die Ewigkeit verbinden soll. Doch ich darf ja von allem dem nicht reden. Deine zarten Gebote will ich nicht übertreten; auf diesem Gipfel sei es das letztemal, daß ich das Wort Trennung vor dir ausspreche. Mein Leben soll eine Wanderschaft werden. Sonderbare Pflichten des Wanderers habe ich auszuüben und ganz eigene Prüfungen zu bestehen. Wie lächle ich manchmal, wenn ich die Bedingungen durchlese, die mir der Verein, die ich mir selbst vorschrieb! Manches wird gehalten, manches übertreten; aber selbst bei der Übertretung dient mir dies Blatt, dieses Zeugnis von meiner letzten Beichte, meiner letzten Absolution statt eines gebietenden Gewissens, und ich lenke wieder ein. Ich hüte mich, und meine Fehler stürzen sich nicht mehr wie Gebirgswasser einer über den andern.

Doch will ich dir gern gestehen, daß ich oft diejenigen Lehrer und Menschenführer bewundere, die ihren Schülern nur äußere, mechanische Pflichten auflegen. Sie machen sich's und der Welt leicht. Denn gerade diesen Teil meiner Verbindlichkeiten, der mir erst der beschwerlichste, der wunderlichste schien, diesen beobachte ich am bequemsten, am liebsten.

Nicht über drei Tage soll ich unter einem Dache bleiben. Keine Herberge soll ich verlassen, ohne daß ich mich wenigstens eine Meile von ihr entferne. Diese Gebote sind wahrhaft geeignet, meine Jahre zu Wanderjahren zu machen und zu verhindern, daß auch nicht die geringste Versuchung des Ansiedelns bei mir sich finde. Dieser Bedingung habe ich mich bisher genau unterworfen, ja mich der gegebenen Erlaubnis nicht einmal bedient. Hier ist eigentlich das erstemal, daß ich stillhalte, das erstemal, daß ich die dritte Nacht in demselben Bette schlafe. Von hier sende ich dir manches bisher Vernommene, Beobachtete, Gesparte, und dann geht es morgen früh auf der andern Seite hinab, fürerst zu einer wunderbaren Familie, zu einer heiligen Familie möchte ich wohl sagen, von der du in meinem Tagebuche mehr finden wirst. Jetzt lebe wohl und lege dieses Blatt mit dem Gefühl aus der Hand, daß es nur eins zu sagen habe, nur eines sagen und immer wiederholen möchte, aber es nicht sagen, nicht wiederholen will, bis ich das Glück habe, wieder zu deinen Füßen zu liegen und auf deinen Händen mich über alle das Entbehren auszuweinen.

Morgens.

Es ist eingepackt. Der Bote schnürt den Mantelsack auf das Reff. Noch ist die Sonne nicht aufgegangen, die Nebel dampfen aus allen Gründen; aber der obere Himmel ist heiter. Wir steigen in die düstere Tiefe hinab, die sich auch bald über unserm Haupte erhellen wird. Laß mich mein letztes Ach zu dir hinübersenden! Laß meinen letzten Blick zu dir sich noch mit einer unwillkürlichen Träne füllen! Ich bin entschieden und entschlossen. Du sollst keine Klagen

24

mehr von mir hören; du sollst nur hören, was dem Wanderer begegnet. Und doch kreuzen sich, indem ich schließen will, nochmals tausend Gedanken, Wünsche, Hoffnungen und Vorsätze. Glücklicherweise treibt man mich hinweg. Der Bote ruft, und der Wirt räumt schon wieder auf in meiner Gegenwart, eben als wenn ich hinweg wäre, wie gefühllose, unvorsichtige Erben vor dem Abscheidenden die Anstalten, sich in Besitz zu setzen, nicht verbergen. […]

M6: Ein autobiographisches Zitat

Johann Wolfgang Goethe: Autobiographisches. Italienreisen I. (1829)

Anderer Orten muß man das Bedeutende suchen, hier [in Rom; der Verf.] werden wir davon überdrängt und überfüllt. [...] Man müßte mit tausend Griffeln schreiben, was soll hier eine Feder! Und dann ist man abends müde und erschöpft vom Schauen und Staunen.

M7: Projektvorschlag

Vorstellung von Reiseberichten bzw. Reiseliteratur, z.B. von Homers *Odyssee* bis hin zu Wolfgang Herrendorfs *Tschick*.

III. Texte

a) *Heimat ist kein Ort* (Sprichwort)- Heimat im Gedicht

Bettina von Arnim: Heimat (o.J.)

Auf diesen Hügeln übersei ich meine Welt!
Hinab ins Tal, mit Rasen sanft begleitet,
Vom Weg durchzogen, der hinüberleitet,
Das weiße Haus inmitten aufgestellt,
Was ist's, worin sich hier der Sinn gefällt?

Auf diesen Hügeln übersei ich meine Welt!
Erstieg ich auch der Länder steilste Höhen,
Von wo ich könnt die Schiffe fahren sehen
Und Städte fern und nah von Bergen stolz umstellt,
Nichts ist's, was mir den Blick gefesselt hält.

Auf diesen Hügeln übersei ich meine Welt!
Und könnt ich Paradiese überschauen,
Ich sehnte mich zurück nach jenen Auen,
Wo deines Daches Zinne meinem Blick sich stellt,
Denn der allein umgrenzt meine Welt.

Friedrich Hölderlin: Heimath (1800), Langfassung

Froh kehrt der Schiffer heim an den stillen Strom,
Von Inseln fernher, wenn er geerndtet hat;
So käm' auch ich zur Heimath, hätt' ich
Güter so viele, wie Laid, geerndtet.

Ihr theuern Ufer, die mich erzogen einst,
Stillt ihr der Liebe Leiden, versprecht ihr mir,
Ihr Wälder meiner Jugend, wenn ich
Komme, die Ruhe noch einmal wieder?

Am kühlen Bache, wo ich der Wellen Spiel,
Am Strome, wo ich gleiten die Schiffe sah,
Dort bin ich bald; euch traute Berge,
Die mich behüteten einst, der Heimath

Verehrte sichre Grenzen, der Mutter Haus
Und liebender Geschwister Umarmungen
Begrüß' ich bald und ihr umschließt mich,
Daß, wie in Banden, das Herz mir heile,

Ihr treugebliebnen! aber ich weiß, ich weiß,
Der Liebe Laid, diß heilet so bald mir nicht,
Diß singt kein Wiegensang, den tröstend
Sterbliche singen, mir aus dem Busen.

Denn sie, die uns das himmlische Feuer leihn,
Die Götter schenken heiliges Laid uns auch,
Drum bleibe diß. Ein Sohn der Erde
Schein' ich; zu lieben gemacht, zu leiden.

Joseph von Eichendorff: o. T. (1826)
(aus: Aus dem Leben eines Taugenichts)

Wem Gott will rechte Gunst erweisen,
Den schickt er in die weite Welt,
Dem will er seine Wunder weisen
In Berg und Wald und Strom und Feld.
Die Trägen, die zu Hause liegen,
Erquicket nicht das Morgenrot,
Sie wissen nur vom Kinderwiegen,
Von Sorgen, Last und Not um Brot.

Die Bächlein von den Bergen springen,

Die Lerchen schwirren hoch vor Lust,

Was sollt ich nicht mit ihnen singen

Aus voller Kehl und frischer Brust?

Den lieben Gott laß ich nur walten;

Der Bächlein, Lerchen, Wald und Feld

Und Erd und Himmel will erhalten,

Hat auch mein Sach aufs best bestellt!

[…] *und sang so recht aus voller Brust und Lust:*

Wohin ich geh und schaue,

In Feld und Wald und Tal,

Vom Berg hinab in die Aue:

Vielschöne, hohe Fraue,

Grüß ich dich tausendmal.

In meinem Garten find ich

Viel Blumen, schön und fein,

Viel Kränze wohl draus wind ich

Und tausend Gedanken bind ich

Und Grüße mit darein.

Ihr darf ich keinen reichen,

Sie ist zu hoch und schön,

Die müssen alle verbleichen,

Die Liebe nur ohnegleichen

Bleibt ewig im Herzen stehn.

Ich schein wohl froher Dinge

Und schaffe auf und ab,

Und ob das Herz zerspringe,

Ich grabe fort und singe

Und grab mir bald mein Grab.

Arno Holz: [Gottseidank !] (1898)

Gottseidank!

Die
Haustür ist zu;
der
kletternd steile, schmale, enge,
an Lehmanns, an Krauses, an Müllers, an Schulzes,
an Schmidts, an Neumanns, an
Plischkes, an Plaschkes, an Meyers, an Beyers,
an
Levis,
an Cohns und an Nathans
vorbei
bis vor meine doppelt verschlossene, bis vor meine dreifach
verriegelte,
bis
vor meine
wohl verrammelte
Bleibe, Behausung, Kabuse, Kamurke
und mein mit Recht und mein Hohn und mein mit Spott

sich so betitelndes, sich so benennendes,
sich
so beschimpf-ehrendes
Gedanken-Hochburg-Jammerheim
steigende,
leitende, führende, lenkende
Hundertundzweiunddreißigstufenschacht
stockpechschwarzdunkel;
der
dichte, dicke,
wollsamtene, rote,
lichtundurchlässige Fenstervorhang,
mein Prunk, mein Hochgut, mein Kleinod, mein Stolz,
meine mich „schirmende", meine mich „schützende",
meine
mich „bergende" Prachtvorrichtung
für
lange, schwere,
von meiner „Umwelt" mich abschließende, von meiner
„Mitwelt" mich absondernde
von
„Menschen"
mich trennende,
einsiedlerische, klausnerische,
arbeitsame, fleißige,
verrückte, sogenannt „phantasiebeflügelte"
Winterabende,
sorgfältigst, vorsichtigst, behutsamst, umständlichst,
gewitzt und ... „für alle Fälle"
auf
jedes Spältchen,
auf jedes Ritzchen, auf jedes Schlitzchen
hin
nochmals kontrolliert,
nochmals zusammengesteckt und nochmals versichert:

mich
kann niemand mehr
besuchen!

Erquickende Ruhe! Einsamster Friede!
Ambrosischste
Stille!

Köstlichst tröstendstes
Labsal!
Sänftigendst linderndstes Wohlgefühl! Süßest seligstes
Entzücken!

Immer wieder
wonnigst
unfassbares Glück!

Gino Chiellino: Heimat (1987)

Die Heimat

ist kein Stück Land

das

entwurzelt

hinter der Abfahrt

zurückbleibt

Die Heimat

ist

ein Teil der Entscheidung

sie kommt mit.

In der Fremde

lebt sie mit ihm zusammen

weiter.

Der Abdruck erfolgt mit ausdrücklicher Genehmigung des Verfassers.

b) *Eine Reise von tausend Meilen beginnt mit einem einzigen Schritt* (Lao-tse)- Aufbruch im Gedicht

Joseph von Eichendorff: Abschied des Einsiedlers. (1792)

Erde, du meine Mutter, und du mein Vater, der Lufthauch,

Und du Feuer, mein Freund, du mein Verwandter, der Strom,

Und mein Bruder, der Himmel, ich sag' euch allen mit Ehrfurcht

freundlichen Dank. Mit euch hab' ich hienieden gelebt,

Und geh jetzt zur anderen Welt, euch gerne verlassend;

    Lebt wohl, Bruder und Freund, Vater und Mutter, lebt

wohl!

Joseph von Eichendorff: Die zwei Gesellen (1818)

Es zogen zwei rüst'ge Gesellen

Zum erstenmal von Haus,

So jubelnd recht in die hellen,

Klingenden, singenden Wellen

Des vollen Frühlings hinaus.

Die strebten nach hohen Dingen,

Die wollten, trotz Lust und Schmerz,

Was Rechts in der Welt vollbringen,

Und wem sie vorübergingen,

Dem lachten Sinnen und Herz. –

Der erste, der fand ein Liebchen,

Die Schwieger kauft' Hof und Haus;

Der wiegte gar bald ein Bübchen,

Und sah aus heimlichem Stübchen

Behaglich ins Feld hinaus.

Dem zweiten sangen und logen
Die tausend Stimmen im Grund,
Verlockend' Sirenen, und zogen
Ihn in der buhlenden Wogen
Farbig klingenden Schlund.

Und wie er auftaucht' vom Schlunde,
Da war er müde und alt,
Sein Schifflein das lag im Grunde,
So still war's rings in die Runde,
Und über die Wasser weht's kalt.

Es singen und klingen die Wellen
Des Frühlings wohl über mir;
Und seh ich so kecke Gesellen,
Die Tränen im Auge mir schwellen –
Ach Gott, führ uns liebreich zu dir!

Ludwig Uhland: Abreise (1815)

So hab ich nun die Stadt verlassen,
Wo ich gelebet lange Zeit;
Ich ziehe rüstig meiner Straßen,
Es gibt mir niemand das Geleit.

Man hat mir nicht den Rock zerrissen,
Es wär auch schade für das Kleid!
Noch in die Wange mich gebissen
Vor übergroßem Herzeleid.

Auch keinem hat's den Schlaf vertrieben,
Daß ich am Morgen weitergeh;
Sie konnten's halten nach Belieben,
Von einer aber tut mir's weh.

Joachim Ringelnatz: Die Ameisen (1928)

In Hamburg lebten zwei Ameisen,
Die wollten nach Australien reisen.
Bei Altona auf der Chaussee
Da taten ihnen die Beine weh,
Und da verzichteten sie weise
Dann auf den letzten Teil der Reise.

So will man oft und kann doch nicht
Und leistet dann recht gern Verzicht.

Max Hermann- Neiße: Abschiedslied (1928)

Da es wieder mich entführt
in das Ungewisse,
Todeshauch die Stirn berührt
und Gewissensbisse
um der Liebe welkes Laub
und versäumte Stunden,
die unwiederbringlich Staub,
nun mein Tun verwunden:
Wein ich bitter, hemmungslos
Tränen, die nicht trösten.
Scheinbar in des Glückes Schoß
ist die Not am größten.
Wenn Ersehntes sich begibt,
bringt es nichts als Trauer,
liegt in dem, was mich so liebt,
Unheil auf der Lauer.

Erst wenn uns das Schicksal trennt,
bin ich dir verbunden,
erst der Abschiedsblick erkennt
die versäumten Stunden,
erst der Abschied läßt, zu spät,
Zärtlichkeit entbrennen,
erst dem Lebewohl gerät
glaubhaft das Bekennen.
Alles, was einst lockend rief,
ist jetzt das Verhaßte,
hindert und verwundet tief.
Und die arg verpaßte
Lust, daß mich dein Kuß berührt,
schickt Gewissensbisse.
Da es wieder mich entführt,
bist du das Gewisse!

c) *Der wahre Reisende hat keinen festgelegten Weg,
    noch will er an ein Ziel* (Lao-tse) – Unterwegssein im
    Gedicht

Johann Wolfgang von Goethe : Wandrers Nachtlied (1776)
(alternat.: Wanderers Nachtlied)

Der du von dem Himmel bist,

Alle Freud und Schmerzen stillest,

Den, der doppelt elend ist,

Doppelt mit Erquickung füllest;

Ach, ich bin des Treibens müde!

Was soll all die Qual und Lust?

Süßer Friede,

Komm, ach komm in meine Brust!

(Spätere Fassung 1789)

Der du von dem Himmel bist,

Alles Leid und Schmerzen stillest,

Den, der doppelt elend ist,

Doppelt mit Erquickung füllest;

Ach, ich bin des Treibens müde!

Was soll all der Schmerz und Lust?

Süßer Friede,

Komm, ach komm in meine Brust!

Gerhard Anton Gramberg: Der Reisende (1803)

Ein Handwerksmann zog wandern übers Feld;
Da fiel ein Hund ihn an. Er hatte nacht gefroren.
Ein Steinwurf galt des Hundes Ohren.
Umsonst, der Stein lag fest. - "Ha, die verkehrte Welt!
Wer mag hier hausen, wer sich raufen?
Die Steine leg man an, die Hunde läßt man laufen!"

Johann Wolfgang von Goethe: Ein Gleiches (1815)

Über allen Gipfeln

Ist Ruh,

In allen Wipfeln

Spürest du

Kaum einen Hauch;

Die Vögelein schweigen im Walde.

Warte nur, balde

Ruhest du auch.

Joseph von Eichendorff: Frische Fahrt (1815)

Laue Luft kommt blau geflossen,

Frühling, Frühling soll es sein!

Waldwärts Hörnerklang geschossen,

Mut'ger Augen lichter Schein,

Und das Wirren bunt und bunter

Wird ein magisch wilder Fluß,

In die schöne Welt hinunter

Lockt dich dieses Stromes Gruß.

Und ich mag mich nicht bewahren!

Weit von Euch treibt mich der Wind,

Auf dem Strome will ich fahren,

Von dem Glanze selig blind!

Tausend Stimmen lockend schlagen,

Hoch Aurora flammend weht,

Fahre zu! ich mag nicht fragen,

Wo die Fahrt zu Ende geht!

Wilhelm Müller: Das Wandern (1820)

Das Wandern ist des Müllers Lust,

Das Wandern!

Das muß ein schlechter Müller sein,

Dem niemals fiel das Wandern ein,

Das Wandern. […]

Eduard Mörike : Auf der Reise (1830)

Zwischen süßem Schmerz,

Zwischen dumpfem Wohlbehagen

Sitz ich nächtlich in dem Reisewagen,

Lasse mich so weit von dir, mein Herz,

Weit und immer weiter tragen. [...]

Friedrich Schiller: Der Spaziergang (o.J.)

Sei mir gegrüßt, mein Berg mit dem röthlich strahlenden
Gipfel! /
   Sei mir, Sonne, gegrüßt, die ihn so lieblich bescheint!
Dich auch grüß' ich, belebte Flur, euch, säuselnde Linden,
   Und den fröhlichen Chor, der auf den Ästen sich wiegt,
Ruhige Bläue, dich auch, die unermeßlich sich ausgießt
   Um das braune Gebirg, über den grünenden Wald,
Auch um mich, der, endlich entflohn des Zimmers
Gefängniß /
   Und dem engen Gespräch, freudig sich rettet zu dir.
Deiner Lüfte balsamischer Strom durchrinnt mich
erquickend, /
   Und den durstigen Blick labt das energische Licht.
Kräftig auf blühender Au erglänzen die wechselnden
Farben, /
   Aber der reizende Streit löset in Anmuth sich auf.
Frei empfängt mich die Wiese mit weithin verbreitetem
Teppich; /
   Durch ihr freundliches Grün schlingt sich der ländliche

Pfad. /

Um mich summt die geschäftige Bien', mit zweifelndem Flügel /

    Wiegt der Schmetterling sich über dem röthlichten Klee.

Glühend trifft mich der Sonne Pfeil, still liegen die Weste,

    Nur der Lerche Gesang wirbelt in heiterer Luft.

Doch jetzt braust's aus dem nahen Gebüsch: tief neigen der Erlen /

    Kronen sich, und im Wind wogt das versilberte Gras;

Mich umfängt ambrosische Nacht; in duftende Kühlung

    Nimmt ein prächtiges Dach schattender Buchen mich ein.

In des Waldes Geheimniß entflieht mir auf einmal die Landschaft, /

    Und ein schlängelnder Pfad leitet mich steigend empor.

Nur verstohlen durchdringt der Zweige laubigtes Gitter

    Sparsames Licht, und es blickt lachend das Blaue herein.

Aber plötzlich zerreißt der Flor. Der geöffnete Wald gibt

    Überraschend des Tags blendendem Glanz mich zurück.

Unabsehbar ergießt sich vor meinen Blicken die Ferne,

    Und ein blaues Gebirg endigt im Dufte die Welt.

Tief an des Berges Fuß, der gählings unter mir abstürzt,

    Wallet des grünlichten Stroms fließender Spiegel vorbei.

Endlos unter mir seh' ich den Äther, über mir endlos,

    Blicke mit Schwindel hinauf, blicke mit Schaudern hinab.

Aber zwischen der ewigen Höh' und der ewigen Tiefe

    Trägt ein geländerter Steig sicher den Wandrer dahin.

Lachend fliehen an mir die reichen Ufer vorüber,

    Und den fröhlichen Fleiß rühmet das prangende Thal.

Jene Linien, sieh! die des Landmanns Eigenthum scheiden,

    In den Teppich der Flur hat sie Demeter gewirkt.

Freundliche Schrift des Gesetzes, des

menschenerhaltenden Gottes,

    Seit aus der ehernen Welt fliehend die Liebe verschwand!
Aber in freieren Schlangen durchkreuzt die geregelten
Felder, /

    Jetzt verschlungen vom Wald, jetzt an den Bergen hinauf
Klimmend, ein schimmernder Streif, die Länder
verknüpfende Straße;

    Auf dem ebenen Strom gleiten die Flöße dahin.
Vielfach ertönt der Heerden Geläut' im belebten Gefilde,

    Und den Wiederhall weckt einsam des Hirten Gesang.
Muntre Dörfer begrenzen den Strom, in Gebüschen
verschwinden /

    Andre, vom Rücken des Bergs stürzen sie gäh dort
herab. /

Nachbarlich wohnet der Mensch noch mit dem Acker
zusammen, /

    Seine Felder umruhn friedlich sein ländliches Dach;
Traulich rankt sich die Reb' empor an dem niedrigsten
Fenster, /

    Einen umarmenden Zweig schlingt um die Hütte der
Baum. /

Glückliches Volk der Gefilde! Noch nicht zur Freiheit
erwachet, /

    Theilst du mit deiner Flur fröhlich das enge Gesetz.
Deine Wünsche beschränkt der Ernten ruhiger Kreislauf,

    Wie dein Tagewerk, gleich, windet dein Leben sich ab!
Aber wer raubt mir auf einmal den lieblichen Anblick? Ein
fremder /

    Geist verbreitet sich schnell über die fremdere Flur.
Spröde sondert sich ab, was kaum noch liebend sich
mischte,

Und das Gleiche nur ist's, was an das Gleiche sich reiht.
Stände seh' ich gebildet, der Pappeln stolze Geschlechter
    Ziehn in geordnetem Pomp vornehm und prächtig daher.
Regel wird Alles, und Alles wird Wahl und Alles Bedeutung;
    Dieses Dienergefolg meldet den Herrscher mir an.
Prangend verkündigen ihn von fern die beleuchteten
Kuppeln, /
    Aus dem felsigten Kern hebt sich die thürmende Stadt.
In die Wildnis hinauß sind des Waldes Faunen verstoßen,
    Aber die Andacht leiht höheres Leben dem Stein.
Näher gerückt ist der Mensch an den Menschen. Enger wird
um ihn, /
    Reger erwacht, es umwälzt rascher sich in ihm die Welt.
Sieh, da entbrennen in feurigem Kampf die eifernden Kräfte,
    Großes wirket ihr Streit, Größeres wirket ihr Bund.
Tausend Hände belebt ein Geist, hoch schläget in tausend
    Brüsten, von einem Gefühl glühend, ein einziges Herz,
Schlägt für das Vaterland und glüht für der Ahnen Gesetze;
    Hier auf dem theuren Grund ruht ihr verehrtes Gebein.
Nieder steigen vom Himmel die seligen Götter und nehmen
    In dem geweihten Bezirk festliche Wohnungen ein;
Herrliche Gaben bescherend erscheinen sie: Ceres vor
allen /
    Bringet des Pfluges Geschenk, Hermes den Anker
herbei,
Bacchus die Traube, Minerva des Ölbaums grünende
Reiser, /
    Auch das kriegrische Roß führet Poseidon heran,
Mutter Cybele spannt an des Wagens Deichsel die Löwen,
    In das gastliche Thor zieht sie als Bürgerin ein.
Heilige Steine! Aus euch ergossen sich Pflanzen der

Menschheit, /
    Fernen Inseln des Meeres sandtet ihr Sitten und Kunst,
Weise sprachen das Recht an diesen geselligen Thoren;
    Helden stürzten zum Kampf für die Penaten heraus.
Auf den Mauern erschienen, den Säugling im Arme, die
Mütter, /
    Blickten dem Heerzug nach, bis ihn die Ferne verschlang.
Betend stürzten sie dann vor der Götter Altären sich nieder,
    Flehten um Ruhm und Sieg, flehten um Rückkehr für
euch. /
Ehre ward euch und Sieg, doch der Ruhm nur kehrte
zurücke; /
    Eurer Thaten Verdienst meldet der rührende Stein:
»Wandere, kommst du nach Sparta, verkündige dorten, du
habest /
    »Uns hier liegen gesehn, wie das Gesetz es befahl.«
Ruhet sanft, ihr Geliebten! Von eurem Blute begossen,
    Grünet der Ölbaum, es keimt lustig die köstliche Saat.
Munter entbrennt, des Eigenthums froh, das freie Gewerbe,
    Aus dem Schilfe des Stroms winkt der bläulichte Gott.
Zischend fliegt in den Baum die Axt, es erseufzt die Dryade,
    Hoch von des Berges Haupt stürzt sich die donnernde
Last. /
Aus dem Felsbruch wiegt sich der Stein, vom Hebel
beflügelt; /
    In der Gebirge Schlucht taucht sich der Bergmann hinab.
Mulcibers Ambos tönt von dem Takt geschwungener
Hämmer, /
    Unter der nervigten Faust spritzen die Funken des Stahls.
Glänzend umwindet der goldene Lein die tanzende Spindel,
    Durch die Saiten des Garns sauset das webende Schiff.

Fern auf der Rhede ruft der Pilot, es warten die Flotten,
    Die in der Fremdlinge Land tragen den heimischen Fleiß;
Andre ziehn flohlockend dort ein mit den Gaben der Ferne,
    Hoch von dem ragenden Mast wehet der festliche Kranz.
Siehe, da wimmeln die Märkte, der Krahn von fröhlichem
Leben, /
    Seltsamer Sprachen Gewirr braust in das wundernde
Ohr. /
Auf den Stapel schüttet die Ernten der Erde der Kaufmann,
    Was dem glühenden Strahl Afrika's Boden gebiert,
Was Arabien kocht, was die äußerste Thule bereitet,
    Hoch mit erfreuendem Gut füllt Amalthea das Horn.
Da gebieret das Glück dem Talente die göttlichen Kinder,
    Von der Freiheit gesäugt, wachsen die Künste der Lust.
Mit nachahmendem Leben erfreuet der Bildner die Augen,
    Und vom Meißel beseelt, redet der fühlende Stein.
Künstliche Himmel ruhn auf schlanken jonischen Säulen,
    Und den ganzen Olymp schließet ein Pantheon ein.
Leicht wie der Iris Sprung durch die Luft, wie der Pfeil von
der Sehne, /
    Hüpfet der Brücke Joch über den brausenden Strom.
Aber im stillen Gemach entwirft bedeutende Zirkel
    Sinnend der Weise, beschleicht forschend den
schaffenden Geist,
Prüfet der Stoffe Gewalt, der Magnete Hassen und Lieben,
    Folgt durch die Lüfte dem Klang, folgt durch den Äther
dem Strahl, /
Sucht das vertraute Gesetz in des Zufalls grausenden
Wundern, /
    Sucht den ruhenden Pol in der Erscheinungen Flucht.
Körper und Stimme leiht die Schrift den stummen

Gedanken, /
   Durch der Jahrhunderte Strom trägt ihn das redende
Blatt. /
Da zerrinnt von dem wundernden Blick der Nebel des
Wahnes, /
   Und die Gebilde der Nacht weichen dem tagenden Licht.
Seine Fesseln zerbricht der Mensch. Der Beglückte! Zerriss'
er /
   Mit den Fesseln der Furcht nur nicht den Zügel der
Scham! /
Freiheit ruft die Vernunft, Freiheit die wilde Begierde,
   Von der heil'gen Natur ringen sie lüstern sich los.
Ach, da reißen im Sturm die Anker, die an dem Ufer
   Warnend ihn hielten, ihn faßt mächtig der fluthende
Strom; /
Ins Unendliche reißt er ihn hin, die Küste verschwindet,
   Hoch auf der Fluthen Gebirg wiegt sich entmastet der
Kahn; /
Hinter Wolken erlöschen des Wagens beharrliche Sterne,
   Bleibend ist nichts mehr, es irrt selbst in dem Busen der
Gott. /
Aus dem Gespräche verschwindet die Wahrheit, Glauben
und Treue /
   Aus dem Leben, es lügt selbst auf der Lippe der Schwur.
In der Herzen vertraulichsten Bund, in der Liebe Geheimniß
   Drängt sich der Sykophant, reißt von dem Freunde den
Freund./
Auf die Unschuld schielt der Verrrath mit verschlingendem
Blicke, /
   Mit vergiftetem Biß tödtet des Lästerers Zahn.
Feil ist in der geschändeten Brust der Gedanke, die Liebe

Wirft des freien Gefühls göttlichen Adel hinweg.
Deiner heiligen Zeichen, o Wahrheit, hat der Betrug sich
    Angemaßt, der Natur köstlichste Stimmen entweiht,
Die das bedürftige Herz in der Freude Drang sich erfindet;
    Kaum gibt wahres Gefühl noch durch Verstummen sich
kund. /
Auf der Tribüne prahlet das Recht, in der Hütte die
Eintracht, /
    Des Gesetzes Gespenst steht an der Könige Thron.
Jahre lang mag, Jahrhunderte lang die Mumie dauern,
    Mag das trügende Bild lebender Fülle bestehn,
Bis die Natur erwacht, und mit schweren, ehernen Händen
    An das hohle Gebäu rühret die Noth und die Zeit,
Einer Tigerin gleich, die das eiserne Gitter durchbrochen,
    Und des numidischen Walds plötzlich und schrecklich
gedenkt. /
Aufsteht mit des Verbrechens Wuth und des Elends die
Menschheit
    Und in der Asche der Stadt sucht die verlorne Natur.
O, so öffnet euch, Mauern, und gebt den Gefangenen ledig!
    Zu der verlassenen Flur kehr' er gerettet zurück!
Aber wo bin ich? Es birgt sich der Pfad. Abschüssige
Gründe /
    Hemmen mit gähnender Kluft hinter mir, vor mir den
Schritt. /
Hinter mir blieb der Gärten, der Hecken vertraute
Begleitung, /
    Hinter mir jegliche Spur menschlicher Hände zurück.
Nur die Stoffe seh' ich gethürmt, aus welchen das Leben
    Keimet, der rohe Basalt hofft auf die bildende Hand.
Brausend stürzt der Gießbach herab durch die Rinne des

Felsen, /
    Unter den Wurzeln des Baums bricht er entrüstet sich
Bahn. /
Wild ist es hier und schauerlich öd'. Im einsamen Luftraum
    Hängt nur der Adler und knüpft an das Gewölke die Welt.
Hoch herauf bis zu mir trägt keines Windes Gefieder
    Den verlorenen Schall menschlicher Mühen und Lust.
Bin ich wirklich allein? In deinen Armen, an deinem
    Herzen wieder, Natur, ach! und es war nur ein Traum,
Der mich schaudernd ergriff mit des Lebens furchtbarem
Bilde; /
    Mit dem stürzenden Thal stürzte der finstre hinab.
Reiner nehm' ich mein Leben von deinem reinen Altare,
    Nehme den fröhlichen Muth hoffender Jugend zurück.
Ewig wechselt der Wille den Zweck und die Regel, in ewig
    Wiederholter Gestalt wälzen die Thaten sich um.
Aber jugendlich immer, in immer veränderter Schöne
    Ehrst du, fromme Natur, züchtig das alte Gesetz!
Immer dieselbe, bewahrst du in treuen Händen dem Manne,
    Was dir das gaukelnde Kind, was dir der Jüngling
vertraut, /
Nährest an gleicher Brust die vielfach wechselnden Alter;
    Unter demselben Blau, über dem nämlichen Grün
Wandeln die nahen und wandeln vereint die fernen
Geschlechter, /
    Und die Sonne Homers, siehe! sie lächelt nach uns.

Anette von Droste- Hülshoff: Der Knabe im Moor (1842)

O schaurig ist's, übers Moor zu gehn,

Wenn es wimmelt vom Heiderauche,

Sich wie Phantome die Dünste drehn

Und die Ranke häkelt am Strauche,

Unter jedem Tritte ein Quellchen springt,

Wenn aus der Spalte es zischt und singt,

O schaurig ist's, übers Moor zu gehn,

Wenn das Röhricht knistert im Hauche!

Fest hält die Fibel das zitternde Kind

Und rennt, als ob man es jage;

Hohl über die Fläche sauset der Wind —

Was raschelt drüben am Hage?

Das ist der gespenstische Gräberknecht,

Der dem Meister die besten Torfe verzecht;

Hu, hu, es bricht wie ein irres Rind!

Hinducket das Knäblein zage.

Vom Ufer starret Gestumpf hervor,

Unheimlich nicket die Föhre,

Der Knabe rennt, gespannt das Ohr,

Durch Riesenhalme wie Speere;

Und wie es rieselt und knittert darin!

Das ist die unselige Spinnerin,

Das ist die gebannte Spinnlenor',
Die den Haspel dreht im Geröhre!
Voran, voran! nur immer im Lauf,
Voran, als woll es ihn holen!
Vor seinem Fuße brodelt es auf,
Es pfeift ihm unter den Sohlen
Wie eine gespenstige Melodei;
Das ist der Geigemann ungetreu,
Das ist der diebische Fiedler Knauf,
Der den Hochzeitheller gestohlen!
Da birst das Moor, ein Seufzer geht
Hervor aus der klaffenden Höhle;
Weh, weh, da ruft die verdammte Margret:
"Ho, ho, meine arme Seele!"
Der Knabe springt wie ein wundes Reh;
Wär nicht Schutzengel in seiner Näh,
Seine bleichenden Knöchelchen fände spät
Ein Gräber im Moorgeschwele.
Da, mählich gründet der Boden sich,
Und drüben, neben der Weide,
Die Lampe flimmert so heimatlich,
Der Knabe steht an der Scheide.
Tief atmet er auf, zum Moor zurück
Noch immer wirft er den scheuen Blick:

Ja, im Geröhre war's fürchterlich,
O schaurig war's in der Heide!

Stefan Zweig: Fahrt (1930/40)

Noch immer hat kein liebes Band
Mich angeschmiegt an stillen Sinn,
Noch wird mir Heimat jedes Land,
Dem ich gerad zu Gaste bin.

Den hellen Straßen geh ich nach
Wie Staub, der nach den Rädern rennt,
Gern rastend unter einem Dach,
Wo nicht ein Herz das meine kennt.

Landfahrer ward ich mit dem Wind
Und des Gedenkens ganz entwöhnt,
Daß mir daheim noch Freunde sind,
Die ich mir einst als Glück ersehnt,

Ein Träumer in die runde Welt,
Der wegwärtswandernd schon vergißt,
Wohin der eigne Sinn ihn schnellt
Und wo sein Herz zu Hause ist.

d) *Wenn einer eine Reise tut, dann kann es war erzählen* (Matthias Claudius)- Heimkehr im Gedicht

Heinrich Heine: Wo? (1839/40)

Wo wird einst des Wandermüden

Letzte Ruhestätte sein?

Unter Palmen in dem Süden?

Unter Linden an dem Rhein?

Werd ich wo in einer Wüste

Eingescharrt von fremder Hand?

Oder ruh ich an der Küste

Eines Meeres in dem Sand?

Immerhin! Mich wird umgeben

Gotteshimmel, dort wie hier,

Und als Totenlampen schweben

Nachts die Sterne über mir.

Julius Sturm: [Aus fernem Land] (1898)

Aus fernem Land,
vom Meeresstrand
auf hohen, luftigen Wegen
fliegst, Schwalbe, du
ohne Rast und Ruh
der lieben Heimat entgegen.
So ohne Rast
in freudiger Hast
auf hohen, luftigen Wegen
flieg ich unverwandt
dem Heimatland,
dem lenzgeschmückten,
entgegen.

Nevfel Cumart: nach hause (1996)

als
das flugzeug
zum landen
ansetzte über berlin
durchfuhr

mich plötzlich

der gedanke

von zu hause

nach hause

gekommen zu sein

und mein

körper erstreckte

sich in diesem augenblick

auf eine schmerzhafte

und zugleich

fast tröstliche weise

durch europa

über die brücke

legte sich behutsam

über die asiatische

halbinsel in der sich

 meine träume verloren

Abdruck erfolgt mit ausdrücklicher Genehmigung des Verfassers.

Über den Lyriker Cumart:

Als Mitglied der zweiten Generation in Deutschland lebender Türken versuchte er mittels des Schreibens, mit dem kulturellen Tauziehen
zwischen den denkbar verschiedenen Welten seiner Eltern und seiner deutschen Altersgenossen fertigzuwerden, mit dem durch den Identitätskonflikt ausgelösten Ichverlust, mit der erlittenen Stereotypisierung seiner ethnischen Gruppe, der kränkenden und krankmachenden sozialen Ausgrenzung.
Dementsprechend waren die ersten seiner inzwischen auf zehn Gedichtbände gediehenen Werke ein verzweifeltes von-der-Seele-weg-Schreiben, eine erschütternde Chronik der pathologischen und familienzerstörenden Auswirkungen von Diskriminierung und Isolation, manchmal detailliert-autobiographisch ausgeleuchtet, manchmal abstrahierend umschrieben.
Nachwort aus: Wellen der Zeit (1998), http://www.nevfel-cumart.de/weiterfuhrende-literatur/

Über Heimat und Fremde: Interview mit Nefvel Cumart.

Gab oder gibt es für Sie mehr Vor- oder Nachteile als Kind türkischer Eltern in Deutschland?

N. C.: Also da gibt es natürlich zwei Ebenen. Die eine Ebene ist meine eigene Biografie, da könnte ich etwas Persönliches erzählen. Und auf der anderen Ebene würde ich etwas als Referent erzählen, zum Thema Migration in Deutschland. Aber in diesem Fall überschneidet sich das beides, es ist wirklich eher mit Nachteilen verbunden. Manchmal würde ich auch sagen eher mit noch mehr Schwierigkeiten verbunden. Mir ging es so wie vielen anderen Jugendlichen auch, ich wusste nicht wohin ich gehöre. Bin ich Türke? Bin ich Deutscher? Das was in den klugen Büchern steht als Identitätskonflikt der 2. Ausländergeneration. Das Problem ist, dass unsere Eltern 150-prozentige türkische

Kinder aus uns machen wollen, die 50 Prozent kommen noch hinzu, weil wir in einem Land leben, dass sie als befremdlich und beängstigend empfinden. Die wollen also 150-prozentige türkische Kinder aus uns machen und draußen vor der Tür sind wir in Deutschland, da sollen wir deutsche Kinder sein. Es ist sehr schwer, mit diesem Kulturspagat zurechtzukommen, weil die Anforderungen, die an uns gestellt werden auch sehr unterschiedlich sind. Sie sind eigentlich gar nicht miteinander zu vereinbaren. Wenn ich mich so verhalte wie meine Eltern das wollen, dann bin ich ein guter türkischer Sohn, aber ich bin ein schlechter deutscher Kumpel. Wenn ich mich so verhalte, wie meine Kumpels das wollen, wenn ich gut in die Clique hineinpasse, dann bin ich ein guter deutscher Freund, aber ein schlechter türkischer Sohn. Das entspricht nicht den Vorstellungen meiner Eltern. Also es ist sehr schwierig. Dieses Hin – und Hergerissenwerden, dieses Zerrissensein, das ist ein sehr schwieriger Zustand. Also ich glaube, es ist schon eher nachteilig. Dann kommt noch hinzu, dass wir nicht gerade hochintellektuelle Eltern haben, das darf man nie vergessen. Man hat Anfang der 60er Jahre nicht die Elite nach Deutschland geholt, sondern man hat eigentlich Menschen aus bildungsfernen Schichten nach Deutschland geholt, die klassischen Gastarbeiter, zu denen auch meine Eltern gehören. Das heißt, die haben eigentlich gar nicht durchschaut, was läuft, ob sie uns überhaupt helfen können oder nicht. Da prallten sehr viele Dinge zusammen.

Es kommt ja auch noch hinzu, dass wir nicht nur ein Generationsproblem haben, meine Eltern, ich, miteinander, sondern eigentlich haben wir ein Mentalitätsproblem. Ich bin hier sehr deutsch beeinflusst worden, weil ich ja meistens draußen war. Und meine Eltern sind aber noch als türkische Menschen mit achtzehn, neunzehn Jahren, wie sie reif waren in der Türkei, hier hergekommen und haben hier an ihren Werten und Normen und Sitten und Gebräuchen festgehalten. Das heißt, wir haben auch so ein Mentalitäts- und Kulturproblem. Und das zu bewältigen ist nicht einfach. Deswegen glaube ich, dass so ein Junge in Stade, wo ich aufgewachsen bin, der deutsche Eltern hatte, dass der es etwas leichter hat als ich. Die alltäglichen Probleme mit den

Eltern hatten wir auch gehabt, aber hinzu kam bei uns halt noch das kulturelle, das Mentalitätsproblem.

Wie haben Sie diesen unerträglichen Zustand des Zerrissenseins bewältigt?

N. C.: Ich habe dann irgendwann Gott sei Dank genug Kraft gehabt, um mir zu sagen: „Warum soll ich zerrissen sein? Es kann ja auch eine Bereicherung werden aus zwei Welten zu schöpfen, in zwei Welten beheimatet zu sein." Ich sage deswegen „Gott sei Dank", weil ich weiß, wie schwierig das ist. Ich war Gott sei Dank irgendwann stark genug, um mich auf den Weg zu machen und ich würde jetzt mal so spontan sagen auf den Weg der Synthese. Also ich wollte nicht mehr entweder Türke oder Deutscher sein, sondern ich wollte diese Kategorie „entweder oder" überwinden und wollte „sowohl als auch" sein. Sowohl Türke als auch Deutscher sein, also ich wollte beides sein. Und ich sage deswegen „Gott sei Dank", weil es sehr schlimm sein kann unter dieser Geschichte zu leiden und natürlich ist eine „Bürde zweier Welten" auch mit Arbeit verbunden. Ganz einfaches Beispiel: Für mich nach meinem Verständnis reicht es nicht, Herrmann Hesse, Schiller oder Peter Handke zu kennen, sondern ich sollte auch Orhan Pamuk kennen. Für mich heißt es nicht, den Spiegel zu lesen, oder Focus oder FAZ, nach meinem Verständnis sollte ich auch wissen, was in der Türkei passiert. Das heißt, die Bereicherung aus beiden Welten, aus beiden Kulturen schöpfen zu können ist auch mit Arbeit und mit Bürde verbunden. Aber ich bin sehr froh, dass ich diesen Weg gehen konnte und da nicht so zu Grunde gegangen bin. Und ich weiß wovon ich rede, beide meiner Brüder sind daran erkrankt. Meine Brüder haben diesen Kulturspagat nicht standhalten können und sind beide geistig erkrankt. Also es ist wirklich kein Zuckerschlecken seinen Weg zu finden in der Migration.

Ist es notwendig einer Nationalität anzugehören?

N. C.: Nationalität hat ja nichts mit dem zu tun, was du denkst und wie du empfindest. Nationalität hat ja auch was mit formalrechtlichen, juristischen Dingen zu tun. Für mich ist es auf gut deutsch völlig egal, ob ich einen türkischen Pass, einen europäischen Pass, einen deutschen Pass oder was für einen Pass auch immer habe. Es ändert nichts an meiner Nase. Es ändert nichts an meinen Empfindungen. Für mich ist es aber nicht egal, ob ich einen deutschen Pass oder einen türkischen Pass habe, was meine Lebensumstände betrifft. Also ein ganz einfaches Beispiel: Ich habe die deutsche Staatsbürgerschaft, ich bin sehr froh darüber, weil der deutsche Pass mein Leben immens erleichtert. Ich falle nicht mehr unter das Ausländerrecht. Aber es hat an meiner Haltung zu Deutschland, an meiner Nase, an meinen Empfindungen nichts geändert.

http://www.nevfel-cumart.de/interviews/

Abbildung 1: Im Gespräch mit Nevfel Cumart. http://www.nevfel-cumart.de/downloads/fotos/

e) *Reisen ist Sehnsucht nach dem Leben* (Kurt Tucholsky)- Wunschorte im Gedicht

Johann Wolfgang von Goethe: Mignon (1795)

(aus: Wilhelm Meisters Lehrjahre.)

Kennst du das Land, wo die Zitronen blüh'n,

Im dunkeln Laub die Goldorangen glüh'n,

Ein sanfter Wind vom blauen Himmel weht,

Die Myrte still und hoch der Lorbeer steht,

Dahin! Dahin

Möcht' ich mit dir, o mein Geliebter, zieh'n.

Kennst du das Haus? Auf Säulen ruht sein Dach,

Es glänzt der Saal, es schimmert das Gemach,

Und Marmorbilder stehn und seh'n mich an:

Was hat man dir, du armes Kind, getan?

Kennst du es wohl?

Dahin! Dahin

Möcht ich mit dir, o mein Beschützer, zieh'n.

Kennst du den Berg und seinen Wolkensteg?

Das Maultier sucht im Nebel seinen Weg;

In Höhlen wohnt der Drachen alte Brut;

Es stürzt der Fels und über ihn die Flut.

Kennst du ihn wohl?

Dahin! Dahin

Geht unser Weg! o Vater, laß uns zieh'n!

Friedrich Schlegel : Im Spessart (1821)

Gegrüßt sei du, viellieber Wald!

es rührt mit wilder Lust,

Wenn abends fern das Alphorn schallt,

Erinnrung mir die Brust. […]

Friedrich Hebbel: Ein Spaziergang in Paris (1854)

Es war ein sommerschöner Frühlingstag,
Und frühe schon verließ ich mein Gemach,
Mit Wonne trank ich die durchglühte Luft
Und eines Veilchenstraußes lauen Duft,
Den auf dem Boulevard mir, jung und rot,
Als ich vorüberstrich, ein Mädchen bot.

Und als ich weiter ging, und fern und nah
Das frische Leben sich entbinden sah,
Im Lied der Vögel, in der Sonne Licht,
Und in der Menschen frohem Angesicht,
Das alles spiegelt, was zu Leid und Lust
Sich still-geheim gebiert in tiefster Brust:

Da ward in mir das Innerste gelöst,
Des Wesens Kern und Wurzel, wie entblößt,
Und was in mir nicht leuchtet und nicht klingt,
Weil es in andrer Form zum Dasein dringt,
Das leuchtete und klang, es rann in eins
Mit Strahl und Ton zur Fülle neuen Seins.

Ich lebte ganz: der ew'gen Kräfte Strom
Zog hin durch mich, durchs Engste, durchs Atom,
Ich wurde aus dem Ring, der mich umengt,
Ins Unermeßliche hinausgedrängt,
Ich fühlte, was ich sein kann, was ich bin,
Und gab, wie gern, für jenes dies dahin.

[…]

Es dämmerte, die schöne Welt verlor
Sich mit dem Tag, nun raste um mein Ohr
Von zwanzig Volkstheatern die Musik,
Dazwischen viel Gesang, Gejauchz, Gequiek.
Vor jedem wurden Lampen angesteckt,
Weil das die Lust in Volk und Kindern weckt.

An Hoftheatern komm' ich leicht vorbei,
Doch eine Bude bleibt mir ewig neu.
Wo wär' auch, den das »Bild der Welt« nicht reizt,
Wenn sich darin Natur und Kunst verkreuzt,
Wenn jede zeigt, was sie nicht zeigen will,
Und eine um die andre keift: sei still!

Wen läßt das veni vidi vici kalt,
Wenn's stolz und breit aus Bettlers Mund erschallt?
Wer hört nicht das: Nichts ist unmöglich! gern,
Wenn unten gleich der Stiefel seinem Herrn

Das Gegenteil beweist, an dessen Riß
Man sieht, der Schuster trotzt dem Mann gewiß.

Hinein denn! Aber wo? Die Wahl ist schwer,
Der zeigt uns zwanzig Wunder; dreißig der.
Dort la Gloire de France! Wer schwankte noch!
Das ist der Ort! Denn sehen muß ich doch,
Wer für den Mann des Schicksals unverzagt,
Wenn's nötig ist, das Wort zu nehmen wagt.

Ein alter Tambour! Schaun wir denn auf ihn!
So wär' er eingezogen in Berlin!
So hätte er bei Austerlitz gebrüllt!
So in den Mantel sich bei Ulm gehüllt! –
Sah dich dein Kaiser als Komödiant,
Er hätt' aus Angst zum Marschall dich ernannt.

[…]

So trittst auch du vor meinen innern Sinn,
Damit ich Abschied von dir nehme, hin;
Wie ich dich einst bei Ohlenschläger sah,
So stehst du herrlich wieder vor mir da,
Schon ungenannt erkannt, und anzuschaun,
Als hättst du selbst dich aus dem Fels gehaun.

Du riefst mir freundlich ein Willkommen zu,
Ich rufe jetzt in deine ew'ge Ruh
Aus tiefster Brust ein Fahrewohl dir nach,
Und diesen Kranz, bunt, wie ihn mir der Tag
Aus wilden Blumen mit und ohne Duft
Geflochten, lege ich auf deine Gruft!

Georg Heym: Sehnsucht nach Paris (posthum, 1922)

Wenn durch den Abend Frankreichs, der der Weiße
Der Königslilien ihres Wappens gleicht,
Wie Honig süß, der Sonnentag, der heiße,
In honiggelbe Himmel ferne weicht,

Dann zittern von Montmartre viele Glocken,
Und grüßen ihn und seinen goldnen Glanz.
Doch auf Paris, der alten Schönen Locken,
Glühn rote Wolken wie ein Hochzeitskranz.

Halb März, halb Herbst, voll trauriger Essenzen.
Wer je den Wind in seine Lungen trank,
Wenn rot die Türme Notre Dames erglänzen,
Er ist nach dir vor wilder Sehnsucht krank.

Dein Taumelkelch, umwunden schwarz mit Rosen,
Nachtschattengift erschüttert ihm das Blut,
Und westwärts schaut er, wo ihn kosen
Die Winde Frankreichs mit verhaltner Glut.

Paris, Mutter der Kunst, und jeder Größe
Die wie der Sieg auf deiner Stirne schwebt .
Und deiner altersgrauen Schläfe Blöße
In einen Wald von Lorbeer stolz begräbt,

Wo tief in deinem Schoß im Sarkophage `
Vom Fittich seiner Adler überwacht,
Der Kaiser schläft, und leise Totenklage
Im Dome wandert durch die Mitternacht,

Wo wie ein Wald die alten Fahnen stehen,
Die durch Ägypten trug die Legion.
Sie rauschen manchmal noch, die Tücher wehen

Wie Küsse sanft deinen toten Sohn.

Doch morgens brennt im Osten auf der Seine
Im Häusermeere wie ein Sturm-Fanal
Im Mastenwald, im Meer der schwarzen Kähne
Die Sonne blutig, wie ein großer Gral

Vom roten Wein gefüllt bis an die Borde,
Vom Wein der Freiheit, der das Herz beschwört,
Und auf der weiten Place de la Concorde
Aus Dantons Mund der Städte Zorn empört.

O großer Tag, da rote Donner grollten
Auf deiner Stirn, und blutig, fett und feist,
Des Königs armes Haupt im Sande rollte,
- Großes Paris, das altert und verwaist,

Noch blühn im Sommer deine Boulevards
Mit Linden voll, und zittert noch im Licht
Das Elysée, wenn auf den Champ de Mars
Sich zwischen Wagen drängt die Menge dicht

Und Abend sinkt, wie Veilchen träumerisch,
Wie Veilchen welk. Der hohen Linden Duft
Weht von der Seine Ufern her, die frisch
Der Abendwind bewegt in lauer Luft.

Dann ziehn im Strom der bunten Boote viel
Am Park Vincennes vorbei, mit Immergrün
Den Mast umkränzt, und den gewundnen Kiel,
Wo, klein wie Sterne, rote Lampen glühn,

Aus niederen Spelunken schallt ein Lied,
Auf grauen Stirnen liegt der Lampe Licht
In kleinen Fenstern, die mit Laub umzieht

Ein Weinspalier, das sich im Wind verflicht.

Den Fluß hinab, durch Park und Sommergarten.
Korndampfer schaukeln in den Häfen breit,
Wo Dirnen stehn. Auf ihrem Munde warten
Die Küsse, kalt, voll herber Bitterkeit.

Doch über dir, Paris, und deiner Pracht,
Die im Verblühen noch die Brüste spreizt,
Weit über dir, und der erwachten Nacht, ,
Die mit Laternenschein die Straßen beizt,

Weit über deinem Haus der Invaliden,
Des schwarzes Totenmal vorüberzieht,
Glänzt wie das Bernsteintor der Hesperiden
Des Abendgottes goldnes Augenlid.

Stefan Zweig: Brügge II (1920/30)

Hier sind die Häuser wie alte Paläste,
Der Abend hüllt sie in traurigen Flor,
Die Straßen sind leer wie nach einem Feste,
Wenn sich der Schwarm frohlärmender Gäste
Schon fern in die schweigende Nacht verlor.

Die prunkenden Tore mit rostigen Klinken
Sind längst nicht mehr zum Empfang bereit,
Verstaubt und verwittert die Kirchturmzinken,
Die in den Nebel träumend versinken
Wie in das Meer ihrer Traurigkeit.

Und in den Nischen an dunkelnden Wänden,
Da lehnen Gestalten aus bröckelndem Stein,

Und reglos, in heimlichen Wortespenden
Sprechen sie leise die alten Legenden
In die tiefe Schwermut der Straßen hinein ...

Additum für den Leistungskurs:

Stefan Zweig: Reisen in Europa (1904) (Auszug), 4. Kapitel

Es ist schwer, des Abends durch die dunkelnden engen Straßen dieser träumerischen Stadt zu gehen, ohne sich in leise Melancholie zu verlieren, in jene süße Wehmut der letzten herbstlichen Tage, die nicht mehr die lauten Feste der Früchte haben, sondern nur das stille Schauspiel willigen Hinsterbens und verlöschender Kraft. Getragen von der steten Welle frommer Abendglockenspiele flutet man mählich hinein in dieses uferlose Meer rätselhafter Erinnerungen, die hier an jeder Türe und jedem verwitterten Walle aufrauschen. Lässig pilgert man so, bis man sinnend plötzlich die ganze Größe eines Schauspiels fühlt, darin der eigene sorgsam gedämpfte Schritt das Wirkende und Lebendige scheint, während die großen Gewalten stumm als finstere Kulissen stehen. Und keine Stadt gibt es wohl, die die Tragik des Todes und des noch mehr Furchtbaren, des Sterbens, mit so zwingender Kraft in ein Symbol gepresst hat, wie Brügge. Dies fühlt man so ganz in den Halbklöstern, den Beguinagen, dahin viele alte Leute sterben gehen, denn was einen die herben Konturen der Straßen am Abend nur ahnen lassen, das zeichnet sich hier in müden, stumpfen, vom Widerglanz des Lebens nur matt erhellten Blicken: dass es ein Leben ohne Hoffnung und Sicht in die Ferne gibt, ganz versunken in gleichgültiges Zurückstarren zur Vergangenheit. Und unvergesslich ist die Art dieser Menschen, die das matte Blühen der kleinen Klostergärtchen unbewegt überschauen, ohne sich fragend einem Fremden zuzuwenden. Und gleich wunderbar ist das Dämmerbild der untätigen uralten Straßen.

mählich: allmählich

f) *Das kommt davon wenn man auf Reisen geht* (Albert Lortzig) oder der Zwang zum Verlassen der Heimat – Fremde und Exil im Gedicht

Clemens Brentano: [Weit bin ich einhergezogen] (o.J.)

Weit bin ich einhergezogen
Über Berg und über Tal,
Der treue Himmelsbogen
Er umgibt mich überall.

Unter Eichen, unter Buchen,
An dem wilden Wasserfall
Muß ich nun die Herberg suchen
Bei der lieb Frau Nachtigall.

Die im brünst'gen Abendliede
Ihre Gäste wohl bedenkt,
Bis sich Schlaf und Traum und Friede
Auf die müde Seele senkt.

Und ich hör' dieselben Klagen
Und ich hör' dieselbe Lust

Und ich fühl' das Herz mir schlagen
Hier wie dort in meiner Brust.

Aus dem Fluß, der mir zu Füßen
Spielt mit freudigem Gebraus,
Mich dieselben Sterne grüßen
Und so bin ich hier zu Haus.

Echo nimm dir recht zu Herzen
Und erlern' die Melodie
Meiner Freuden, meiner Schmerzen:
Ameleya! Ameley!
Blühet stolz ihr Königskerzen,
Ameleya! Ameley!

Wunderinseln, sel'ge Augen,
Die ein liebes Antlitz sehn,
In dem Monde untertauchen,
In der Sonne auferstehn.

Sonn und Mond, ihr lichten Hügel,
Schließet ein die ird'sche Kluft
Und das Leben senkt den Flügel
In des Traumes Zaubergruft.

Wo die Tiefe sich entsiegelt,

Und die Liebe frank und frei

In der ganzen Seele spiegelt

Ameleya! Ameley!

Joseph von Eichendorff: In der Fremde (1832)

(aus: Viel Lärm um nichts)

In der Fremde

Aus der Heimat hinter den Blitzen rot

Da kommen die Wolken her,

Aber Vater und Mutter sind lange tot,

Es kennt mich dort keiner mehr.

Wie bald, wie bald kommt die stille Zeit,

Da ruhe ich auch, und über mir

Rauschet die schöne Waldeinsamkeit

Und keiner mehr kennt mich auch hier

Heinrich Heine: Nachtgedanken (1844)

Denk ich an Deutschland in der Nacht,

Dann bin ich um den Schlaf gebracht,

Ich kann nicht mehr die Augen schließen,

Und meine heißen Tränen fließen.

Die Jahre kommen und vergehn!

Seit ich die Mutter nicht gesehn,

Zwölf Jahre sind schon hingegangen;

Es wächst mein Sehnen und Verlangen.

Mein Sehnen und Verlangen wächst.

Die alte Frau hat mich behext.

Ich denke immer an die alte,

Die alte Frau, die Gott erhalte!

Die alte Frau hat mich so lieb,

Und in den Briefen, die sie schrieb,

Seh ich, wie ihre Hand gezittert,

Wie tief das Mutterherz erschüttert.

Die Mutter liegt mir stets im Sinn.

Zwölf lange Jahre flossen hin,

Zwölf Jahre sind verflossen,

Seit ich sie nicht ans Herz geschlossen.

Deutschland hat ewigen Bestand,

Es ist ein kerngesundes Land!

Mit seinen Eichen, seinen Linden

Werd ich es immer wiederfinden.

Nach Deutschland lechzt ich nicht so sehr,

Wenn nicht die Mutter dorten wär;

Das Vaterland wird nie verderben,

Jedoch die alte Frau kann sterben.

Seit ich das Land verlassen hab,

So viele sanken dort ins Grab,

Die ich geliebt – wenn ich sie zähle,

So will verbluten meine Seele.

Und zählen muß ich – Mit der Zahl

Schwillt immer höher meine Qual,

Mir ist, als wälzten sich die Leichen

Auf meine Brust – Gottlob! sie weichen!

Gottlob! durch meine Fenster bricht

Französisch heitres Tageslicht;

Es kommt mein Weib, schön wie der Morgen,

Und lächelt fort die deutschen Sorgen.

Franz Grillparzer: In der Fremde (1843)

Schon bin ich müd zu reisen,
Wär's doch damit am Rand,
Vor Hören und vor Sehen
Vergeht mir der Verstand.

So willst Du denn nach Hause?
O nein! Nur nicht nach Haus!
Dort stirbt des Lebens Leben
Im Einerlei mir aus.

Wo also willst Du weilen?
Wo findest Du die Statt?
O Mensch, der nur zwei Fremden
Und keine Heimat hat.

Bertolt Brecht: Gedanken über die Dauer des Exils (1937)

Zurzeit liegt (noch) keine Abdruckgenehmigung vor.

Zitationshinweis: Bertolt Brecht: Gedanken über die Dauer des Exils. In: Ders.: Werke. Große kommentierte Berliner und Frankfurter Ausgabe, Band 12: Gedichte 2. © Bertolt-Brecht-Erben / Suhrkamp Verlag 1988.
Dieser Text entstammt dem Unterrichtsmodell „Fremdheit Lyrik SII", welches von Qualis NRW zum freiverfügbaren Download zur Verfügung gestellt ist. Zum Download

geben Sie bitte in Ihrer Suchmaschine „Fremdheit Lyrik SII“ ein und laden die entsprechende pdf-Datei herunter.

Additum für den Leistungskurs:

Stefan Zweig: Die Welt von gestern (1942)

Mein literarisches Werk ist in der Sprache, in der ich es geschrieben, zu Asche gebrannt worden, in eben demselben Lande, wo meine Bücher Millionen Leser sich zu Freunden gemacht. So gehöre ich nirgends mehr hin, überall Fremder und bestenfalls Gast; auch die eigentliche Heimat, die mein Herz sich erwählt, Europa, ist mir verloren, seit es sich zum zweitenmal selbstmörderisch zerfleischt im Bruderkriege. […]

g) *Reisen bildet… vor allem Staus auf den Autobahnen* (Michael Schiff)- Reisemittel im Gedicht

Theodor Fontane: John Maynard (1886)

John Maynard!

"Wer ist John Maynard?"

"John Maynard war unser Steuermann,

aushielt er, bis er das Ufer gewann,

er hat uns gerettet, er trägt die Kron',

er starb für uns, unsre Liebe sein Lohn.

John Maynard."

Die "Schwalbe" fliegt über den Erie-See,

Gischt schäumt um den Bug wie Flocken von Schnee;

von Detroit fliegt sie nach Buffalo -

die Herzen aber sind frei und froh,

und die Passagiere mit Kindern und Fraun

im Dämmerlicht schon das Ufer schaun,

und plaudernd an John Maynard heran

tritt alles: "Wie weit noch, Steuermann?"

Der schaut nach vorn und schaut in die Rund:

"Noch dreißig Minuten ... Halbe Stund."

Alle Herzen sind froh, alle Herzen sind frei -

da klingt's aus dem Schiffsraum her wie Schrei,

"Feuer!" war es, was da klang,

ein Qualm aus Kajüt und Luke drang,

ein Qualm, dann Flammen lichterloh,

und noch zwanzig Minuten bis Buffalo.

Und die Passagiere, bunt gemengt,

am Bugspriet stehn sie zusammengedrängt,

am Bugspriet vorn ist noch Luft und Licht,

am Steuer aber lagert sich´s dicht,

und ein Jammern wird laut: "Wo sind wir? wo?"

Und noch fünfzehn Minuten bis Buffalo. -

Der Zugwind wächst, doch die Qualmwolke steht,

der Kapitän nach dem Steuer späht,

er sieht nicht mehr seinen Steuermann,

aber durchs Sprachrohr fragt er an:

"Noch da, John Maynard?"

"Ja,Herr. Ich bin."

"Auf den Strand! In die Brandung!"

"Ich halte drauf hin."

Und das Schiffsvolk jubelt: "Halt aus! Hallo!"

Und noch zehn Minuten bis Buffalo. - -

"Noch da, John Maynard?" Und Antwort schallt's
mit ersterbender Stimme: "Ja, Herr, ich halt's!"
Und in die Brandung, was Klippe, was Stein,
jagt er die "Schwalbe" mitten hinein.
Soll Rettung kommen, so kommt sie nur so.
Rettung: der Strand von Buffalo!

Das Schiff geborsten. Das Feuer verschwelt.
Gerettet alle. Nur einer fehlt!
Alle Glocken gehn; ihre Töne schwell'n
himmelan aus Kirchen und Kapell'n,
ein Klingen und Läuten, sonst schweigt die Stadt,
ein Dienst nur, den sie heute hat:
Zehntausend folgen oder mehr,
und kein Aug' im Zuge, das tränenleer.
Sie lassen den Sarg in Blumen hinab,
mit Blumen schließen sie das Grab,
und mit goldner Schrift in den Marmorstein
schreibt die Stadt ihren Dankspruch ein:
"Hier ruht John Maynard! In Qualm und Brand
hielt er das Steuer fest in der Hand,
er hat uns gerettet, er trägt die Kron,
er starb für uns, unsre Liebe sein Lohn.
John Maynard.

Heinrich Heine: Lebensgruß (o.J.)

Eine große Landstraß ist unsere Erd,

Wir Menschen sind Passagiere;

Man rennet und jaget, zu Fuß und zu Pferd,

Wie Läufer oder Kuriere.

Man fährt sich vorüber, man nicket, man grüßt

Mit dem Taschentuch aus der Karosse;

Man hätte sich gerne geherzt und geküßt,

Doch jagen von hinnen die Rosse.

Kaum trafen wir uns auf derselben Station,

Herzliebster Prinz Alexander,

Da bläst schon zur Abfahrt der Postillion,

Und bläst uns schon auseinander.

Dieses Gedicht findet sich im Abschnitt Lebensreise ebenfalls wieder.

Heinrich Heine: o. T. (1844)

(aus: Deutschland. Ein Wintermärchen I. Caput)

Im traurigen Monat November war's,
Die Tage wurden trüber,
Der Wind riß von den Bäumen das Laub,
Da reist ich nach Deutschland hinüber.

Und als ich an die Grenze kam,
Da fühlt ich ein stärkeres Klopfen
In meiner Brust, ich glaube sogar
Die Augen begunnen zu tropfen.

Und als ich die deutsche Sprache vernahm,
Da ward mir seltsam zumute;
Ich meinte nicht anders, als ob das Herz
Recht angenehm verblute.

Ein kleines Harfenmädchen sang.
Sie sang mit wahrem Gefühle
Und falscher Stimme, doch ward ich sehr
Gerühret von ihrem Spiele.

Sie sang von Liebe und Liebesgram,
Aufopfrung und Wiederfinden
Dort oben, in jener besseren Welt,
Wo alle Leiden schwinden.

Sie sang vom irdischen Jammertal,

Von Freuden, die bald zerronnen,

Vom jenseits, wo die Seele schwelgt

Verklärt in ew'gen Wonnen.

Sie sang das alte Entsagungslied,

Das Eiapopeia vom Himmel,

Womit man einlullt, wenn es greint,

Das Volk, den großen Lümmel.

Ich kenne die Weise, ich kenne den Text,

Ich kenn auch die Herren Verfasser;

Ich weiß, sie tranken heimlich Wein

Und predigten öffentlich Wasser.

Ein neues Lied, ein besseres Lied,

O Freunde, will ich euch dichten!

Wir wollen hier auf Erden schon

Das Himmelreich errichten.

Wir wollen auf Erden glücklich sein,

Und wollen nicht mehr darben;

Verschlemmen soll nicht der faule Bauch,

Was fleißige Hände erwarben.

Es wächst hienieden Brot genug

Für alle Menschenkinder,

Auch Rosen und Myrten, Schönheit und Lust,

Und Zuckererbsen nicht minder.

Ja, Zuckererbsen für jedermann,

Sobald die Schoten platzen!

Den Himmel überlassen wir

Den Engeln und den Spatzen.

Und wachsen uns Flügel nach dem Tod,

So wollen wir euch besuchen

Dort oben, und wir, wir essen mit euch

Die seligsten Torten und Kuchen.

Ein neues Lied, ein besseres Lied!

Es klingt wie Flöten und Geigen!

Das Miserere ist vorbei,

Die Sterbeglocken schweigen.

Die Jungfer Europa ist verlobt

Mit dem schönen Geniusse

Der Freiheit, sie liegen einander im Arm,

Sie schwelgen im ersten Kusse.

Und fehlt der Pfaffensegen dabei,

Die Ehe wird gültig nicht minder –

Es lebe Bräutigam und Braut,

Und ihre zukünftigen Kinder!

Ein Hochzeitkarmen ist mein Lied,

Das bessere, das neue!

In meiner Seele gehen auf
Die Sterne der höchsten Weihe –
Begeisterte Sterne, sie lodern wild,
Zerfließen in Flammenbächen –
Ich fühle mich wunderbar erstarkt,
Ich könnte Eichen zerbrechen!
t ich auf deutsche Erde trat,
Durchströmen mich Zaubersäfte –
Der Riese hat wieder die Mutter berührt,
Und es wuchsen ihm neu die Kräfte.

Heinrich Heine: Pferd und Esel (o.J.)

Auf eisernen Schienen, so schnell wie der Blitz,
Dampfwagen und Dampfkutschen
Mit dem schwarzbewimpelten Rauchfangmast
Prasselnd vorüberrutschen.

Der Troß kam einem Gehöft vorbei,
Wo über die Hecke guckte
Langhalsig ein Schimmel; neben ihm stand
Ein Esel, der Disteln schluckte.

Mit stierem Blick sah lange das Pferd
Dem Zuge nach. Es zittert
An allen Gliedern, und seufzt und spricht:
Der Anblick hat mich erschüttert!

Wahrhaftig, wär ich nicht von Natur
Bereits gewesen ein Schimmel,
Erbleichend vor Schrecken wär mir die Haut
Jetzt weiß geworden, o Himmel!

Bedroht ist das ganze Pferdegeschlecht
Von schrecklichen Schicksalsschlägen.
Obgleich ein Schimmel, schau ich jedoch
Einer schwarzen Zukunft entgegen.

Uns Pferde tötet die Konkurrenz
Von diesen Dampfmaschinen -
Zum Reiten, zum Fahren wird sich der Mensch
Des eisernen Viehes bedienen.

Und kann der Mensch zum Reiten uns,
Zum Fahren uns entbehren -
Ade der Hafer! Ade das Heu!
Wer wird uns dann ernähren?

Des Menschen Herz ist hart wie Stein;
Der Mensch gibt keinen Bissen
Umsonst. Man jagt uns aus dem Stall,
Wir werden verhungern müssen.

Wir können nicht borgen und stehlen nicht,
Wie jene Menschenkinder,
Auch schmeicheln nicht wie der Mensch und der Hund -
Wir sind verfallen dem Schinder.

So klagte das Roß und seufzte tief.
Der Langohr unterdessen
Hat mit der gemütlichsten Seelenruh
Zwei Distelköpfe gefressen.

Er leckte die Schnauze mit der Zung,
Und gemütlich begann er zu sprechen:
Ich will mir wegen der Zukunft nicht
Schon heute den Kopf zerbrechen.

Ihr stolzen Rosse seid freilich bedroht
Von einem schrecklichen Morgen.
Für uns bescheidne Esel jedoch
Ist keine Gefahr zu besorgen.

So Schimmel wie Rappen, so Schecken wie Fuchs,
Ihr seid am Ende entbehrlich;
Uns Esel jedoch ersetzt Hans Dampf
Mit seinem Schornstein schwerlich.

Wie klug auch die Maschinen sind,
Welche die Menschen schmieden,
Dem Esel bleibt zu jeder Zeit
Sein sicheres Dasein beschieden.

Der Himmel verläßt seine Esel nicht,
Die ruhig im Pflichtgefühle,
Wie ihre frommen Väter getan,
Tagtäglich traben zur Mühle.

Das Mühlrad klappert, der Müller mahlt
Und schüttet das Mehl in die Säcke;
Das trag ich zum Bäcker, der Bäcker backt,
Und der Mensch frißt Bröte und Wecke.

In diesem uralten Naturkreislauf
Wird ewig die Welt sich drehen,
Und ewig unwandelbar wie die Natur,
Wird auch der Esel bestehen.

Moral: Die Ritterzeit hat aufgehört,
Und hungern muß das stolze Pferd.
Dem armen Luder, dem Esel, aber
Wird niemals fehlen sein Heu und Haber.

Alfred Lichtenstein: Schwärmerei (o.J.)

Ach, wer doch ewig Auto fahren könnte –

Wir bohren uns durch hochgestielte Wälder.

Wir überholen Flächen, die sich endlos schienen.

Wir überfahren den Wind und überfallen die Dörfer, die

flinken.

Aber verhasst sind uns die Gerüche der langsamen Städte

–

Hei, wie wir fliegen! Immer den Tod entlang ...

Wie wir ihn höhnen und ihn verspotten, der uns am Leben

sitzt!

Der uns die Gräben legt und alle Straßen krümmt – ha, wir

verlachen ihn

Und die Wege, die überwundenen, vergehen vor uns –

So werden wir die ganze Welt durchauteln ...

Bis wir einmal an einem heitern Abend

An einem starken Baum ein kräftges Ende finden.

Joachim Ringelnatz: Flugzeuggedanken (1929)

Dort unten ist die Erde mein

Mit Bauten und Feldern des Fleißes.

Wenn ich einmal nicht mehr werde sein,

Dann graben sie mich dort unten hinein,

Ich weiß es.

Dort unten ist viel Mühe und Not

Und wenig wahre Liebe. –

Nun stelle ich mir sekundenlang

Vor, dass ich oben hier bliebe,

Ewig, und lebte und wäre doch tot – –

O, macht mich der Gedanke bang.

Mein Herz und mein Gewissen schlägt

Lauter als der Propeller.

Du Flugzeug, das so schnell mich trägt,

Flieg schneller!

Joachim Ringelnatz: Aneinander vorbei (1927)

Vom Speisewagen

Durchs Land getragen,

Siehst du Dörfer, Felder, Katz' und Küh'.

Angenommen, dass dir das Menü

Nichts kann sagen.

Irgendwo: Zwei Barfußmädchen winken.

Wissen selber nicht, warum sie's tun,

Lassen ihre arbeitsharten Hände

Für Momente ruhn.

Wissen nicht, dass deine Hände sinken,

Winken,

Grüßen

In den ganzen langen Zug hinein,

Ahnen nicht, dass du die Scholle sein

Möchtest unter ihren schmutz'gen Füßen.

Angelangt, ergibst du mittelgroß

Dich der Höflichkeit, dem Stande und dem Gelde.

Nachts im Bette träumst du hoffnungslos

Von den beiden Mädchen auf dem Felde.

Hans-Peter Kraus: Wie in den alten Zeiten (2015)

In der Straßenbahn unterhalten sich
zwei Mütter
über ihre Babys
in gebrochenem Deutsch.
Und wie in den alten Zeiten
ersetzen Blicke und Lächeln
die Wörter,
die fehlen.

Abdruck erfolgt mit ausdrücklicher Genehmigung des Verfassers.

  h) *Alles ist eitel* (Andreas Gryphius) –die Lebensreise
     im Gedicht

Andreas Gryphius: Abend (1653)

Der schnelle Tag ist hin / die Nacht schwingt jhre fahn/
Vnd führt die Sternen auff. Der Menschen müde scharen
Verlassen feld vnd werck / Wo Thier vnd Vögel waren
Trawrt jtzt die Einsamkeit. Wie ist die zeit verthan!
Der port naht mehr vnd mehr sich / zu der glieder Kahn.
Gleich wie diß licht verfiel / so wird in wenig Jahren

Ich / du / vnd was man hat / vnd was man siht / hinfahren.

Diß Leben kömmt mir vor alß eine renne bahn.

Laß höchster Gott mich doch nicht auff dem Laufplatz gleiten /

Laß mich nicht ach / nicht pracht / nicht lust / nicht angst verleiten.

Dein ewig heller glantz sey vor vnd neben mir /

Laß / wenn der müde Leib entschläfft / die Seele wachen

Vnd wenn der letzte Tag wird mit mir abend machen /

So reiß mich auß dem thal der Finsternuß zu Dir.

Illustrativ für das frühneuhochdeutsche wird bei diesem Gedicht sowohl die Schreibung als auch die Versstruktur beibehalten, welchen bei den nachstehenden Gedichten teilweise behutsam an die heutigen Gepflogenheiten angepasst wurden.

Christan Hoffmann von Hoffmanswaldau: Vergänglichkeit der Schönheit (1695)

Es wird der bleiche tod mit seiner kalten hand

Dir endlich mit der zeit um deine brüste streichen,

Der liebliche corall der lippen wird verbleichen;

Der schultern warmer schnee wird werden kalter sand

Der augen süsser blitz, die kräffte deiner hand,

Für welchen solches fällt, die werden zeitlich weichen,

Das haar, das itzund kan des goldes glantz erreichen,

Tilget endlich tag und jahr als ein gemeines band.

Der wohlgesetzte fuß, die lieblichen gebärden,

Die werden theils zu staub, theils nichts und nichtig werden,

Denn opffert keiner mehr der gottheit deiner pracht.

Diß und noch mehr als diß muß endlich untergehen,

Dein hertze kan allein zu aller zeit bestehen,

Dieweil es die natur aus diamant gemacht

Martin Opitz: Ach liebste lass uns eilen (1624)

Ach Liebste, lass uns eilen,

Wir haben Zeit:

Es schadet das Verweilen

Uns beiderseit.

Der edlen Schönheit Gaben

Fliehn Fuß für Fuß,

Daß alles, was wir haben,

Verschwinden muss.

Der Wangen Zier verbleichet

Das Haar wird greis,

Der Äuglein Feuer weichet,

Die Brunst wird Eis.

Das Mündlein von Korallen

Wird ungestalt,

Die Händ als Schnee verfallen,

Und du wirst alt.

Drum lass uns jetzt genießen

Der Jugend Frucht,

Eh denn wir folgen müssen

Der Jahre Flucht.

Wo du dich selber liebest,

So liebe mich,

Gib mir, dass, wann du gibest

Verlier auch ich.

Johann Wolfgang von Goethe: Osterspaziergang (1808)

(aus: Faust I)

Vom Eise befreit sind Strom und Bäche

Durch des Frühlings holden, belebenden Blick,

Im Tale grünet Hoffnungsglück;

Der alte Winter, in seiner Schwäche,

Zog sich in rauhe Berge zurück.

Von dort her sendet er, fliehend, nur

Ohnmächtige Schauer körnigen Eises

In Streifen über die grünende Flur.

Aber die Sonne duldet kein Weißes,

Überall regt sich Bildung und Streben,

Alles will sie mit Farben beleben;

Doch an Blumen fehlts im Revier,

Sie nimmt geputzte Menschen dafür.

Kehre dich um, von diesen Höhen

Nach der Stadt zurück zu sehen!

Aus dem hohlen finstern Tor

Dringt ein buntes Gewimmel hervor.

Jeder sonnt sich heute so gern.

Sie feiern die Auferstehung des Herrn,

Denn sie sind selber auferstanden:

Aus niedriger Häuser dumpfen Gemächern,

Aus Handwerks- und Gewerbesbanden,

Aus dem Druck von Giebeln und Dächern,

Aus der Straßen quetschender Enge,

Aus der Kirchen ehrwürdiger Nacht

Sind sie alle ans Licht gebracht.

Sieh nur, sieh! wie behend sich die Menge

Durch die Gärten und Felder zerschlägt,

Wie der Fluß in Breit und Länge

So manchen lustigen Nachen bewegt,

Und, bis zum Sinken überladen,

Entfernt sich dieser letzte Kahn.

Selbst von des Berges fernen Pfaden

Blinken uns farbige Kleider an.

Ich höre schon des Dorfs Getümmel,

Hier ist des Volkes wahrer Himmel,

Zufrieden jauchzet groß und klein:

Hier bin ich Mensch, hier darf ichs sein!

Heinrich Heine: Lebensgruß (o.J.)

Eine große Landstraß ist unsere Erd,

Wir Menschen sind Passagiere;

Man rennet und jaget, zu Fuß und zu Pferd,

Wie Läufer oder Kuriere.

Man fährt sich vorüber, man nicket, man grüßt

Mit dem Taschentuch aus der Karosse;

Man hätte sich gerne geherzt und geküßt,

Doch jagen von hinnen die Rosse.

Kaum trafen wir uns auf derselben Station,

Herzliebster Prinz Alexander,

Da bläst schon zur Abfahrt der Postillion,

Und bläst uns schon auseinander.

Friedrich Hölderlin: Lebenslauf (1840), Langfassung

Größers wolltest auch du, aber die Liebe zwingt

All uns nieder; das Laid beuget gewaltiger;

Doch es kehret umsonst nicht

Unser Bogen, woher er kommt.

Aufwärts oder hinab! herrschet in heil'ger Nacht,

Wo die stumme Natur werdende Tage sinnt,

Herrscht im schiefesten Orkus

Nicht ein Grades, ein Recht noch auch?

Dieß erfuhr ich. Denn nie, sterblichen Meistern gleich

Habt ihr Himmlischen, ihr Alleserhaltenden,

Daß ich wüßte, mit Vorsicht

Mich des ebenen Pfads geführt.

Alles prüfe der Mensch, sagen die Himmlischen,

Daß er, kräftig genährt, danken für Alles lern',

Und verstehe die Freiheit,

Aufzubrechen, wohin er will.

Rainer Maria Rilke: Der Reisende (ca.1923)

Wie sind sie klein in der Landschaft, die beiden,

die sich gegenseitig mit dem bekleiden,

das sie mit zärtlichen Händen weben;

und der Zug, der nicht Zeit hat, zu unterscheiden,

wirft einen Wind von Meineiden

über diese unendlichen Leben.

Ach, das Vorbei, das Vorbei der zahllosen Züge,

und die Wiesen wie widerrufen;

Abschiede streifen die Straßen und Stufen,

wo noch eben in heiler Genüge

Menschen sich halten. Wer sie doch größer

machte mindestens wie die Gebäude,

diese einander Freude-Einflößer,

diese offenen Opfer der Freude.

Kenn ich sie nicht, diese innig Beschwingten,

die von den plötzlich unbedingten

Herzen in endlose Räume gerissen,

schweben —,

oder die eben

von der gemeinsamen Wasserscheide

niedergleiten ins Weiche der Täler?

War ich nicht immer ihr leiser Erzähler?

Bin ich nicht einer? Bin ich nicht beide?

Bin ich nicht täglich ihr Aufstehn zum Ganzen,

ihr unsäglich reines Beginnen

und das kleine Beginnen mitten im Tanzen,

das sie vergessen?

Laßt uns an ihnen langsam ermessen,

was ein Grab ist, ein Grab in der Erde,

und die Beschwerde dessen,

was unterm Fuß war, nun überm Herzen für immer.

Schlimmer kann es nicht kommen. Aber auch an den
bangen
Gräbern fahren die Züge vorüber,
und Über des Lebens
stehn unbefangen
an zitternden Fenstern.
Nach welchen Klimaten
ziehn wir im Reisen? Wer gibt uns den Wink?
Woher wissen wir, daß die Stete verging,
und lassen uns plötzlich weiterweisen
von Ding zu Ding?
Wer wirft unser Herz vor uns her, und wir jagen
dieses köstliche Herz, das wir nur in der Kindheit ertragen,
das *uns* seither trug.
(Aber wer war ihm Flug genug?)

Wie sehn sie die Landschaft, die rascheren hohen
Herzen, die uns im Schwung übertrafen,
diese Landschaft aus trüben und frohen
Blicken und Schlafen.
Wie mag sie den freien
Herzen erscheinen, die sich entzweien
von unserem Zögern ...
Wie sehn sie die Häuser,

wie jene Gräber und wie die zu kleinen

Gestalten der Liebenden, abseits, —

wie aber die Bücher, die von dem Winde der Sehnsucht

aufgeschlagenen Bücher der Einsamen?

Max Hermann-Neiße: Wir altern (1929)

Wie wir altern! Ob wir uns auch sträuben,
dieses Bröckeln im Geblüt zu hören, -
jede Stunde muß uns mehr zerstören.
Dieses Wissen kann kein Werk betäuben.

Wenn wir uns im Spiegel noch belügen -
plötzlich läßt das Bild des Photographen
unsern Argwohn nicht mehr ruhig schlafen,
Todeszeichen drohn aus müden Zügen.

Ängstlich sehn wir unsren ungestalten
Wanst wie einen Aschenhang zerfallen.
Feindlich greifen mit den scharfen Krallen
die Gespenster aus den Vorhangfalten.

Doch wir haben niemals Mut und Waffen,
gegen ihre Mordlust uns zu wehren.
Kein Erwachen hilft: Vermehrt nur kehren
bald sie wieder, ganz uns hinzuraffen.

Morgen wird das nur gespielte Sterben,
das wir mit Genuß im Kino sahen,
sich dem eignen Herzen häßlich nahen,
schlägt ein Nachtmahr unsre Welt in Scherben.

Sommerwiese noch mit Duft und Faltern
zeigte dem, der wahr sieht, das Verwesen.
Nur zu spätrem Tod bist du genesen,
und wir atmen heißt: wir altern!

i) *Wenn ich ein Vöglein wär' und auch zwei Flügel hätt'*
   flög ich zu dir (Volkslied)–unterwegs sein der Liebe
   wegen

Joseph von Eichendorff: Sehnsucht (1834)

Es schienen so golden die Sterne,

Am Fenster ich einsam stand

Und hörte aus weiter Ferne

Ein Posthorn im stillen Land.

Das Herz mir im Leib entbrennte,

Da hab' ich mir heimlich gedacht:

Ach wer da mitreisen könnte

In der prächtigen Sommernacht!

Zwei junge Gesellen gingen

Vorüber am Bergeshang,

Ich hörte im Wandern sie singen

Die stille Gegend entlang:

Von schwindelnden Felsenschlüften,

Wo die Wälder rauschen so sacht,

Von Quellen, die von den Klüften

Sich stürzen in die Waldesnacht.

Sie sangen von Marmorbildern,

Von Gärten, die über'm Gestein

In dämmernden Lauben verwildern,

Palästen im Mondenschein,

Wo die Mädchen am Fenster lauschen,

Wann der Lauten Klang erwacht,

Und die Brunnen verschlafen rauschen

In der prächtigen Sommernacht. –

Johann Wolfgang von Goethe: Willkommen und Abschied (1771), frühe Fassung

Es schlug mein Herz, geschwind zu Pferde!

Es war getan fast eh gedacht.

Der Abend wiegte schon die Erde,

Und an den Bergen hing die Nacht;

Schon stand im Nebelkleid die Eiche,

Ein aufgetürmter Riese, da,

Wo Finsternis aus dem Gesträuche

Mit hundert schwarzen Augen sah.

Der Mond von einem Wolkenhügel

Sah kläglich aus dem Duft hervor,

Die Winde schwangen leise Flügel,

Umsausten schauerlich mein Ohr;

Die Nacht schuf tausend Ungeheuer,

Doch frisch und fröhlich war mein Mut:

In meinen Adern welches Feuer!

In meinem Herzen welche Glut!

Dich sah ich, und die milde Freude

Floß von dem süßen Blick auf mich;

Ganz war mein Herz an deiner Seite

Und jeder Atemzug für dich.

Ein rosenfarbnes Frühlingswetter

Umgab das liebliche Gesicht,

Und Zärtlichkeit für mich - ihr Götter!

ich hofft es, ich verdient es nicht!

Doch ach, schon mit der Morgensonne

Verengt der Abschied mir das Herz:

In deinen Küssen welche Wonne!

In deinem Auge welcher Schmerz!

Ich ging, du standst uns sahst zu Erden,

Und sahst mir nach mit nassem Blick:

Und doch, welch Glück, geliebt zu werden!

Und lieben, Götter, welch ein Glück!

Eduard Mörike: Peregrina III

(entstanden 1824 / letzte Fassung veröffentlicht 1867)

Ein Irrsal kam in die Mondscheingärten

Einer einst heiligen Liebe.

Schaudernd entdeckt' ich verjährten Betrug.

Und mit weinendem Blick, doch grausam,

Hieß ich das schlanke,

Zauberhafte Mädchen

Ferne gehen von mir.

Ach, ihre hohe Stirn

War gesenkt, denn sie liebte mich;

Aber sie zog mit Schweigen

Fort in die graue

Welt hinaus.

Krank seitdem,

Wund ist und wehe mein Herz.

Nimmer wird es genesen!

Als ginge, luftgesponnen, ein Zauberfaden

Von ihr zu mir, ein ängstig Band,

So zieht es, zieht mich schmachtend ihr nach!

– Wie? wenn ich eines Tags auf meiner Schwelle

 Sie sitzen fände, wie einst, im Morgen-Zwielicht,

Das Wanderbündel neben ihr,

Und ihr Auge, treuherzig zu mir aufschauend,

Sagte, da bin ich wieder

Hergekommen aus weiter Welt!

Peregrina (lat.): Fremde, Reisende

j) *Der Tourist ist das Spiegelbild von der Gesellschaft von der er sich abstößt* (Hans Magnus Enzensberger) – unterwegs sein heute

Wilhelm Engelhardt: Menschen hier und dort (1991)

Fahr ich nach Paris, seh ich Touristen
Fahr ich nach London, seh ich Touristen
Fahr ich nach Wien, seh ich Touristen

Selbst in Petersburg und New York,
will ich die Menschen wirklich sehn
lass dich das Auto zu Hause stehn.
Abdruck erfolgt mit ausdrücklicher Genehmigung des Verfassers.

Jan Malte Reuben: Reisen heute (2011)

Ferne. Im Flieger schon vermittelt
Das handy gezückt
Das Internet weiß den weg überall.

Nichts entdecken- nur bestätigen.

Die App kennt den Weg.

Alles übersehen
Alles gesehen
Von jedem gesehen.

Heimflug.

Abdruck erfolgt mit ausdrücklicher Genehmigung des Verfassers.

Mona Riemling: Entdeckungsreise (2017)

Alles ist gepackt, alles ist da
Da Flieger landet, Applaus hurra,
jetzt aber, aussteigen in der ferne
alles ist neu, das mögen wir gerne,
haben wir doch unser smartphone dabei,
damit ist die ferne mir einerlei.

Ich muss noch viele selfies machen,
sonst haben die follower wenig zu lachen,
selfiestange als bester Freund,
Reisebegleiter,
habe nichts gesehen-

doch alles erblickt.

Habe nichts gesprochen

Und doch alles getippt.

Abdruck erfolgt mit ausdrücklicher Genehmigung des Verfassers.

Elif Öczkan: urlaubserinnerung (2015)

Erster Tag: Unterwegs sein. Will alles sehen. Foto.

Zweiter Tag: Unterwegs sein. Will alles sehen. Foto.

Dritter Tag: Unterwegs sein. Will alles sehen. Foto.

Vierter Tag: Unterwegs sein. Will alles sehen. Foto.

Fünfter Tag: Unterwegs sein. Will alles sehen. Foto.

Sechster Tag: Unterwegs sein. Will alles sehen. Foto.

Siebter Tag: zuhause sein. Fotos ansehen. Was hätte ich alles gesehn', keine Zeit-steig ein.

Abdruck erfolgt mit ausdrücklicher Genehmigung des Verfassers.

Will Arne Jespersen: Stille Tropfen. (2018) [drei Aphorismen]

Wenn ich verreise, fällt der Zug aus. [...]

Wenn ich einmal ohne Ticket fahre, erscheint der Schaffner.

Wenn Andere ohne Ticket fahren, erscheint er nie.

Abdruck erfolgt mit ausdrücklicher Genehmigung des Verfassers.

V.   Unterrichtspraktischer Einsatz dieses Bandes

Dieser Sammelband vereinigt thematisch gesammelte Gedichte zum Abiturthema „unterwegs sein" von der Barocklyrik bis in die jüngste Gegenwart. Die Texte der einzelnen Teilkapitel wurden unter didaktischen Gesichtspunkten geordnet.

Die Texte weisen eine breite Vielfalt in Entstehungszeitraum, Anspruch und Umfang auf. Einige längere Texte oder ergänzende Materialien wurden daher als Additum für den Leistungskurs gekennzeichnet.
Insgesamt deckt dieser Band die Anforderungen des Zentralabiturs für den Deutschunterricht für den Grund- und Leistungskurs vorzüglich ab.

Selbstverständlich kann dieser Band auch als zusätzlicher Materialfundus ergänzend zum Schulbuch oder für die zielgenaue Heimarbeit zur Abiturvorbereitung eingesetzt werden.

Ergänzend empfiehlt sich:

Niklas Discher: Wie analysiert man ein Gedicht? Deutsch Oberstufe. (in Vorbereitung, voraustl. 04/2018) ISBN: 9783746097442, ca. 10 EUR.

Niklas Discher: Prüfungstraining / Übungsklausuren „unterwegs sein" Zentralabitur NRW. GK/ LK (in Vorbereitung, voraustl. 05/2018)

Niklas Discher: „unterwegs sein". Ergänzungsband für den Leistungskurs. (in Vorbereitung, voraustl. Sommer 2018)

VI.   Forschungsliteratur:

Brenner, Peter J. (1990): Der Reisebericht in der Deutschen Literatur.

Cosentino, Christine (1999) : Das Reisemotiv als Spiegel der Identitätsstabilisierung in der ostdeutschen Literatur Ende der neunziger Jahre.

Kurfeld, Klaus (2010): Die Reise als Utopie. Ethische und Politische Aspekte des Reisemotivs.

Link, Manfred (1963): Der Reisebericht als literarische Kunstform von Goethe bis Heine.

Volgger, Michael (2017): Aufmerksamkeit als Reisemotiv?

Die in diesem Band abgedruckten Primärtexte wurden sorgfältig ausgewählt und durchgesehen. Bei weiten Teilen dieses Bandes handelt es sich um gemeinfreie Werke, [also Texte, Bilder, Musik] deren Schöpfer bereits 70 Jahre tot ist. Aus Gründen der Lesbarkeit wird auf eine ausführliche Bibliographie dieser allgemeinzugänglichen Texte verzichtet (Fundstellen, siehe Autorentafel).

Weitere Texte wurden mit Quellenangaben versehen und zitiert. Die Gedichte der Gegenwart wurden mit ausdrücklicher Genehmigung der jeweiligen Verfasser abgedruckt.

1. Ausg. Februar/März 2018

Von Niklas Discher in Vorbereitung:

Niklas Discher: Wie analysiert man ein Gedicht? Deutsch Oberstufe. (in Vorbereitung, voraustl. 04/2018) ISBN: 9783746097442, ca. 10 EUR.

Niklas Discher: Prüfungstraining / Übungsklausuren „unterwegs sein" Zentralabitur NRW. GK/ LK (in Vorbereitung, voraustl. 05/2018)

Niklas Discher: „unterwegs sein". Ergänzungsband für den Leistungskurs. (in Vorbereitung, voraustl. Sommer 2018)

Niklas Discher: Rechtschreibtraining. Band I. Sekundarstufe I.

Von Niklas Discher erschienen:

a) wissenschaftliche Arbeiten
Hofmannsthal. Ein Brief. Sprachspeksis-Sprachkrise-Sprachnot.

Schule in den Buddenbrooks. Ein bildungsgeschichtlicher Abriß.

b) Arbeiten für die Schule:

Zum 110. Geburtstag von Mascha Kaléko. Ihre wichtigsten Gedichte interpretiert.

Anhang:

Autorentafel

Eichendorff, Joseph von	Joseph von Eichendorff: Ausgewählte Werke in sechs Bänden. Augsburg 1990.
Arnim, Bettina von	Bettina von Arnim: Die Sehnsucht hat allemal Recht. Frankfurt am Main 1985.
Hölderlin, Friedrich	Friedrich Hölderlin: Sämtliche Werke. Große Stuttgarter Ausgabe. Stuttgart 1943ff.
Holz, Arno	Arno Holz: Phantasus. Faksimiledruck. Stuttgart 1978.
Uhland, Ludwig	Ludwig Uhland: Uhlands Werke in zwei Bänden. Leipzig 1839.
Ringelnatz, Joachim	Joachim Ringelnatz: Liebesgedichte. Berlin ^{2}2013. [Die Ameisen] Joachim Ringelnatz: das Gesamtwerk in sieben Bänden. Zürich 1994. [weitere Texte]
Hermann-Neiße, Max	Max Hermann-Neiße: Abschied. Berlin 1929. (E)
Goethe, Johann Wolfgang von	Johann Wolfgang von Goethe: Sämtliche Werke in 36 Bänden. Stuttgart 1839.
Gramberg, Georg A.H.	n.V. https://www.aphorismen.de/suche?f_ rubrik=Gedichte&f_thema=Pech&f_autor=8175_ Gerhard +Anton+Gramberg
Müller, Wilhelm	Böhme: Volkstümliche Lieder der Deutschen. Leipzig 1895. (E)
Mörike, Eduard	Eduard Mörike: Werke und Briefe. Historisch-

	kritische Gesamtausgabe. München 1990ff.
Schiller, Friedrich von	Friedrich von Schiller: Sämtliche Werke. Gedichte, Erzählungen, Übersetzungen. Stuttgart [n]2005.
Droste- Hülshoff, Anette von	*Laufhütte: Deutsche Balladen. Stuttgart 2000.
Zweig, Stefan	Stefan Zweig: Gesammelte Werke. Köln 2014.
Heine, Heinrich	Heinrich Heine: Düsseldorfer Heine Ausgabe. Düsseldorf 1956ff.
Sturm, Julius	n.V. https://www.aphorismen.de/gedicht/24662
Cumart, Nefvel	Nefvel Cumart: Zwei Welten: Gedichte. Düsseldorf 1996. (E)
Schlegl, Friedrich	n.V. http://www.spessartprojekt.de/spessart /literatur/pic_15.php
Hebbel, Friedrich	Friedrich Hebbel: Sämtliche Werke in zwölf Bänden. Leipzig o.J.
Heym, Georg	Georg Heym: Dichtung und Schriften. Gesamtausgabe. Berlin 1962.
Brentano, Clemens	Clemens Brentano: Ausgewählte Gedichte. Berlin 2013.
Grillparzer, Franz	Franz Grillparzer: Gedichte. München 1960.
Fontane, Theodor	s. Droste-Hülshoff.
Lichtenstein, Alfred	Alfred Lichtenstein: Gesammelte Gedichte. Zürich 1962.
Kraus, Hans-Peter	Hans-Peter Kraus: Onlinepublikation (eigene)

	http://www.lyrikmond.de/gedichte
Gryphius, Andreas	*Beckes: Barocklyrik. Stuttgart 2008.
Hoffmanswaldau, Chr. H. von	s. Gryphius
Opitz, Martin	s. Gryphius
Rilke, Rainer Maria	Rainer Maria Rilke: Sämtliche Werke in sieben Bänden. o.O. 1987ff.
Engelhardt, Wilhelm	Wilhelm Engelhardt: Notizen aus vielen Jahrzehnten. o.O.1991.
Reuben, Jan Malte	Bisl. Unveröffentlicht, Erstveröffentlichung in diesem Band
Riemling, Mona	Bisl. Unveröffentlicht, Erstveröffentlichung in diesem Band
Özckan, Elif	Bisl. Unveröffentlicht, Erstveröffentlichung in diesem Band
Chiellino, Gino	Gino Chiellino: Sehnsucht nach Sprache. München 1987. (E)
Jespersen, Will Arne	Will Arne Jespersen: Stille Tropfen. Gedanken eines einzigen Menschen. Norderstedt 2018. (E)
	Weitere Nachweise mit Autorenname sind Hrsg.-Werke.
	* Sammlungen/Anthologien wurden gekenn-zeichnet.
	(E)= Erstveröffentlichung bzw. Erstdruck zu Lebzeiten
	Erläuterung zur Edition:

	[...] kein Originaltitel vorhanden, erster Vers
	(o.T.) nicht als selbstständiges Gedicht erschienen
	(o.J.) Erscheinungsjahr spekulativ/unbekannt.

Neu im BoD Verlag erschienen:

Vergessene Klassikerneu entdecken, Hrsg. von Niklas Discher

Frank Wedekind: Mit allen Hunden gehetzt. Drama.
64 Seiten.
ISBN: 9783744850520   Preis: 5,29 €

Weitere Titel in Vorbereitung.